L'EUROPE

ET

L'EXÉCUTION DU DUC D'ENGHIEN

PAR

Henri WELSCHINGER

AMIENS

TYPOGRAPHIE DE DELATTRE-LENOEL

Imprimeur de la Société des Études historiques

1890

L'EUROPE

ET

L'EXÉCUTION DU DUC D'ENGHIEN.

L'EUROPE

ET

L'EXÉCUTION DU DUC D'ENGHIEN

PAR

Henri WELSCHINGER

AMIENS

TYPOGRAPHIE DE DELATTRE-LENOEL

Imprimeur de la Société des Etudes historiques

1890

Extrait de la Revue de la Société des Études historiques.
(Année 1890. Mémoires et Rapports.)

L'EUROPE

ET

L'EXÉCUTION DU DUC D'ENGHIEN.

Comment les diverses puissances de l'Europe ont-elles accueilli et jugé l'enlèvement d'Ettenheim et l'exécution de Vincennes ? C'est là une question des plus importantes qu'il convient d'étudier, les pièces diplomatiques en main, en considérant successivement les différents États que ces graves événements ont dû intéresser [1].

I

Le 11 mars 1804, M. de Talleyrand, ministre des Relations extérieures, avait adressé au baron d'Edelsheim, ministre de l'Électeur de Bade, une lettre dont nous rappelons brièvement le contenu. Le premier Consul avait appris que le duc d'Enghien et le général Dumouriez complotaient contre sa personne et la sûreté de la France. Il avait, en conséquence, cru devoir ordonner à deux petits détachements de passer la frontière et de saisir sur le territoire badois les instigateurs d'un crime qui, par sa nature, les mettait, suivant lui, hors du droit des gens. M. de Talleyrand ajoutait que cette lettre faisait suite à une note dont l'objet était de demander l'arrestation du comité d'émigrés français résidant à Offenbourg. Cette note datée du 10 mars, c'est-à-dire un jour avant la lettre, avait été adressée à l'agent français Massias pour être

---

[1] J'ai traité cette question dans mon livre sur *le duc d'Enghien* (Plon, in-8°, 1888), mais, devant forcément me limiter en raison de l'étendue de l'ouvrage, je n'ai pu en donner qu'un résumé exact. Ici, je publie toutes les pièces et je réponds à diverses objections faites depuis la publication de mon livre.

remise au baron d'Edelsheim [1]. Donc, le jour même de la réunion du Conseil, c'est-à-dire cinq jours avant l'enlèvement, M. de Talleyrand, qui se défend d'avoir pris une part sérieuse à cette triste affaire, aurait eu le temps d'avertir le duc d'Enghien.

Le 16 au matin, le général de Caulaincourt, désigné par M. de Talleyrand pour cette mission, fait parvenir au baron d'Edelsheim, par l'entremise de Massias, la lettre du Ministre des Relations extérieures. Le même jour, le baron intimidé répond que l'Électeur a été étonné d'apprendre qu'il existait à Offenbourg une association d'émigrés français, instruments de trames détestables. « L'Électeur, écrit le ministre badois, eût été bien sensiblement affligé des reproches contenus dans la lettre que Votre Excellence m'a fait l'honneur de m'écrire en date du 20 ventôse an XII, et que M. le général de Caulaincourt m'a fait remettre hier matin après son retour d'Ettenheim, si Son Altesse Sérénissime Électorale n'était parfaitement convaincue de n'avoir jamais pu donner au premier Consul le moindre sujet de mécontentement. »

Le baron ajoutait que, du moment que les prévenus avaient été arrêtés et transférés à Strasbourg, l'Électeur n'avait plus qu'à éloigner d'une manière générale et irrévocable tous les émigrés français de

---

[1] Cette note contient le passage suivant : « J'ose dire que l'Europe entière est intéressée à ce que *ce mystère profond d'iniquité* soit bientôt dévoilé dans toutes ses parties, et il le sera d'autant plus facilement qu'on aura rassemblé de toutes parts *les preuves et les complices des intrigues abominables* dont cette conspiration est le fruit. » Chose curieuse ! Ce sont presque les mêmes termes de la lettre de Talleyrand au premier Consul, en date du 8 mars, lettre tant contestée. On s'appuie principalement pour nier l'authenticité de la lettre sur ce qu'elle ne contient ni le tour d'esprit, ni la façon de penser de Talleyrand. Elle a, dit-on, un ton rude, presque grossier, très éloigné de la modération de bonne compagnie. Or, ces reproches ne peuvent s'adresser qu'aux deux mots suivants de la lettre en question : « intrigants mal intentionnés » et « perfidie. » Alors il faudrait contester aussi la note, bien moins courtoise, qui contient ces expressions : « mystère profond d'iniquité » et « intrigues abominables ! » A l'occasion d'ailleurs, Talleyrand perdait quelque peu de cette modération tant vantée. Il y a, aux Archives des Affaires étrangères, une note de lui qui justifie le 10 août. Et il est bon de rappeler que le sieur Perrey, le secrétaire que M. de Bacourt a mis en avant, n'existait pas encore. De plus, M. Albert Sorel a justement rappelé que ce Talleyrand si modéré a conseillé officiellement aux Cent-Jours d'employer contre Napoléon « les mesures permises contre les brigands. » Relisons enfin la dépêche du 19 mars et félicitons-nous, dans l'intérêt de la vérité, qu'elle ait échappé aux hécatombes de papiers que Talleyrand fit faire, en 1814, aux Archives des Affaires étrangères, lorsqu'il fut à la tête du gouvernement provisoire. S'il eût eu la conscience nette, il n'eût pas entrepris cette destruction de pièces compromettantes, connue de tous ceux qui fréquentent les Archives.

l'Électorat de Bade. En conséquence, le 20 mars, l'Électeur fit publier un décret daté de Carlsruhe, où son Gouvernement se justifiait d'avoir reçu, en 1802, des émigrés français dans ses États. Il ne l'avait fait qu'avec « la ferme résolution de leur retirer cette indulgence, dès que S. A. S. Électorale aurait la connaissance certaine que le séjour sur les frontières du Rhin de tel ou tel individu, étant devenu suspect au Gouvernement français, menacerait de troubler le repos de l'Empire. »

Voici en quels termes le Gouvernement badois expliquait les nouvelles mesures prises par lui contre les émigrés : « Le Gouvernement français venant de requérir l'arrestation de certains émigrés dénommés, impliqués dans le complot tramé contre la Constitution, et une patrouille militaire venant de faire l'arrestation des personnes comprises dans cette classe ; le moment est venu où S. A. S. Électorale est obligée de voir que le séjour des émigrés dans ses États est préjudiciable au repos de l'Empire et suspect au Gouvernement français. Par conséquent, Elle juge indispensable de renouveler en toute rigueur la défense faite aux émigrés français de séjourner dans ses États, tant anciens que nouveaux..... [1] » Ainsi cet avis appelait la présence de dragons, de gendarmes et de nombreux artilleurs français sur le territoire badois, *une patrouille militaire*. C'était se montrer accommodant... Quant à l'enlèvement du duc d'Enghien et de ses compagnons, l'office badois le qualifiait : « *d'arrestation de certains émigrés dénommés.* » Tels étaient les regrets que l'Électeur de Bade donnait à la mémoire d'un prince dont la conduite envers lui avait toujours été irréprochable. Mais l'Électeur avait une telle peur du premier Consul qu'il lui aurait sacrifié ses serviteurs et ses sujets, s'il l'avait exigé. Déjà le 1er mars, lors de l'arrestation de Moreau, il lui avait écrit une lettre où, se félicitant de voir la glorieuse existence de l'illustre premier Consul préservée par la Providence, il assurait Bonaparte de sa vénération.

Le lendemain de l'Avis aux émigrés, il redoublait ses flagorneries et il faisait témoigner à M. Massias par le baron d'Edelsheim, le zèle, le dévouement et la reconnaissance qu'il portait au chef de la République française. Il fallait cependant avertir le duc de Dalberg, ministre de Bade à Paris, de l'événement qui s'était passé à Ettenheim. On le fit avec tous les ménagements possibles. « Le même ministre m'a fait savoir,

(1) Correspondance de Bade. — Archives des Affaires étrangères.

mande M. Massias le 18 mars à M. de Talleyrand, qu'il instruisait M. de Dalberg que S. A. S. l'Electeur ne pouvait s'empêcher de donner connaissance verbale au Collège électoral de l'événement qui venait de se passer, lequel néanmoins ne pouvait donner aucune crainte pour des troubles dans cette partie de l'Allemagne, puisque les troupes françaises s'étaient promptement retirées sur la rive gauche. » Le duc de Dalberg est donc informé de l'invasion du territoire badois, mais il est en même temps mis à même de fournir « les explications les plus satisfaisantes » au sujet du séjour du duc d'Enghien à Ettenheim. Il apparaît, après examen attentif de sa conduite, que ce diplomate a joué un double rôle : le premier au nom de l'Electeur, le second au nom de M. de Talleyrand. Au courant des faits par sa position et par ses relations nombreuses, il avait connu la réunion des Conseils tenus à Paris les 7 et 10 mars. Il aurait dû en prévenir immédiatement son Gouvernement. On verra qu'il ne se décide à écrire au baron d'Edelsheim que le 20 mars, si bien qu'on peut déduire de cette façon d'agir la complicité silencieuse de la cour de Carlsruhe. Le 10 mars, l'ordre avait été expédié à M. Massias de pressentir l'Electeur sur l'arrestation de la baronne de Reich, accusée de conspiration contre la France et, quelques jours après, le baron d'Edelsheim s'était félicité d'avoir appris la coopération du grand bailli d'Offenbourg à cette arrestation. On s'était donc assuré de la complaisance de la Cour de Bade et cet acte avait servi d'épreuve. Il importe de remarquer que depuis le jour de l'enlèvement jusqu'au jour de l'arrivée du prince à Vincennes et jusqu'à son jugement, c'est-à-dire du 15 au 20 mars, il est impossible de noter la moindre démarche de M. de Dalberg. Pénétré de la terreur qu'inspirait à son maître, comme à tous les princes, le premier Consul, il laisse aller les choses, quitte à les déplorer quelque temps après.

Mais si l'Electeur commandait le silence à ses ministres, le roi de Suède, son hôte et son gendre, montrait plus de bravoure et d'indignation. Trois jours après l'enlèvement, M. Massias informa M. de Talleyrand que le roi de Suède, à un dîner chez l'Electeur, lui avait dit, de manière à être entendu par plusieurs personnes : « Vous avez eu avant-hier de mauvaises nouvelles ? ». M. Massias ne répondit pas. « Mauvaises, reprit le Roi, puisque votre Gouvernement a été dans le cas de ne pas respecter le droit des gens ! » Puis, cessant de parler au chargé d'affaires français, le monarque s'entretint avec la personne qui se trouvait à sa droite. M. Massias se plaignit aussitôt à M. de Lagerbyelke, aide-de-camp de Gustave-Adolphe, et menaça de ne plus reparaître à la cour de l'Electeur. M. de Lagerbyelke entretint son maître de cet incident et revint dire à M. Massias : « Sa Majesté ayant déjà manifesté sa désapprobation sur l'entrée des troupes françaises dans l'Electorat, a cru qu'il était de son caractère de l'énoncer hautement devant lui. Elle était née Roi et mourrait avec des sentiments de Roi. Ce jugement qu'Elle portait sur cet événement particulier ne l'empêchait pas d'ailleurs d'apprécier les relations générales d'amitié avec la France... »

La conversation se poursuivit quelque temps entre le diplomate français et M. de Lagerbyelke. Voulant disculper le gouvernement consulaire d'avoir envahi le territoire badois, M. Massias cita le fait suivant. Quelques années auparavant, une frégate suédoise avait été envoyée dans le port de Naples. Plusieurs officiers et soldats débarquèrent pour saisir et enlever le général suédois d'Armfeldt. Ils auraient réussi à opérer cet enlèvement, si le général ne s'était caché dans l'hôtel d'un des officiers du roi de Naples. Par conséquent, le roi de Suède n'avait rien à reprocher au Gouvernement français au sujet de l'enlèvement d'Ettenheim... Le baron d'Edelsheim fut informé de la sortie du roi et, dans sa complaisance pour le premier Consul, il remercia chaudement M. Massias de s'être montré si modéré [1].

La complicité de l'Électeur fut tellement évidente que la presse allemande non seulement le crut, mais encore l'affirma hautement. Ainsi l'*Allgemeine Zeitung*, dans son numéro 80, déclarait « que toute cette opération se faisait du consentement de la Cour de Bade. » D'autres pièces démontreront encore cette complicité écœurante.

Le 20 mars, le baron de Dalberg se décide à se justifier. Il écrit au baron d'Edelsheim : « Les arrestations qui viennent d'avoir lieu dans le pays de Baden doivent avoir été une source des plus grands embarras

---

(1) Le roi de Suède ne s'était pas borné à une manifestation platonique. « J'ai acquis la certitude, écrivait Massias à Talleyrand le 22 mars, que le jour même où le roi de Suède apprit que les troupes françaises avaient passé le Rhin, il donna ordre au colonel Tawast de se rendre au plus tôt chez le ci-devant duc d'Enghien pour le prévenir de s'enfuir en toute hâte. Il était trop tard et l'envoyé apprit en route que le prisonnier était déjà parti pour Strasbourg. » (Correspondance de Bade).

pour la Cour. Il n'y a pas eu moyen de vous prévenir de ce qui se passait, tout s'étant fait avec trop de secret et trop de précipitation... »

Or, M. de Dalberg, dans cette même lettre, avoue qu'il a été informé le 12 mars de la mission de Caulaincourt ; et il n'a pas mis immédiatement à profit sa découverte en adressant un courrier secret à l'Électeur ! Ce courrier serait arrivé en quarante-huit heures à Calsruhe ; l'éveil ainsi donné, le duc d'Enghien eût pu être averti et sauvé. M. de Dalberg affirme pour sa défense que sa lettre ne serait parvenue que le 16 ou le 17. Chose inadmissible, car les estafettes ne mettaient pas plus de deux jours pour aller de Paris à Strasbourg. Ajoutons que le général Caulaincourt, quoique parti le 11, ne se rendit à Offenbourg que le 15. Le ministre de Bade observe encore qu'il était obligé de se procurer d'autres informations. Mais le 15, il connaît positivement les ordres de Caulaincourt. Cette fois, M. de Dalberg aurait dû renseigner aussitôt l'Électeur. Il s'en excuse ainsi : « Comme ma lettre n'aurait été alors d'aucun effet, je résolus d'attendre que nous eussions pu recevoir des nouvelles positives. *Hier au soir seulement* (20 mars), on connut les détails de l'expédition, et comme la violation du territoire étranger ne se laissait point cacher, la sensation ici est très grande..... » Admirez encore une fois comme ce ministre informe ou consulte en temps utile son Gouvernement !... C'est cinq jours après l'événement qu'il lui parle de la violation de son territoire et de la mission de Caulaincourt, sans protester contre les actes du Gouvernement français. Cela est fort singulier.

« Les ministres de Suède, d'Autriche et M. Oubril ont été les seuls, dit-il, qui ont prononcé leur opinion d'une manière très forte. » Pourquoi M. de Dalberg ne les a-t-il pas imités ? « Réunis dans le cercle diplomatique de lundi, on voulait savoir des détails de moi, j'assurai que je n'en savais aucun. » Est-ce possible ?... Que signifie alors la lettre du baron d'Edelsheim écrite à M. de Talleyrand le 17 mars et dans laquelle le ministre de l'Électeur dit formellement : « Quant au séjour du duc d'Enghien à Ettenheim, je me dispenserai d'en présenter ici les circonstances, *parce que j'ai mis le baron de Dalberg complètement en état de donner à Votre Excellence les explications les plus satisfaisantes à ce sujet*, si Elle veut bien lui en fournir l'occasion. » Donc, malgré ses dénégations, M. de Dalberg était au courant de tout.

Mais il continue à jouer le rôle d'un diplomate mal informé ou très naïf. Que dit-il, le 21 mars, au baron d'Edelsheim ? « On assure que le duc d'Enghien est arrivé hier à cinq heures, escorté de cinquante gendarmes. Tout le monde se demande : « Qu'en veut-on faire? » C'est le jour même de l'exécution que le ministre de Bade écrit ces lignes stupéfiantes !... Le 22 mars, il envoie à sa Cour le *Moniteur* qui contient le jugement définitif. Il y joint cette observation : « La sentence a été — à ce que l'on a su hier matin — exécutée au château de Vincennes, la nuit du mardi au mercredi à deux heures du matin. » En ce cas, si l'on a connu la sentence la veille, pourquoi avoir écrit cette phrase surprenante : « Tout le monde se demande : Qu'en veut-on faire? » Enfin, après bien des atermoiements, M. de Dalberg se décide à condamner l'attentat. « Tout Paris est consterné, dit-il, la France le sera ; l'Europe entière doit frémir... » M. de Dalberg ajoute que, pour sauvegarder la réputation de l'Electeur, il faut que les Cours apprennent qu'il n'a point coopéré à l'enlèvement du malheureux prince. Il est en effet temps de le dire [1].

Dans une nouvelle lettre du 27 mars, cherchant à se justifier du retard mis par lui à prévenir la Cour de Bade de l'expédition sur le Rhin, il mande au baron d'Edelsheim : « J'avais déjà eu l'honneur de vous prévenir que, vu l'impossibilité de vous instruire de cette expédition — impossibilité assez prouvée par les deux lettres de M. de Talleyrand, qui lui-même parut ignorer jusqu'au dernier moment la résolution prise — j'attendais, pour vous en parler que la chose fût éclaircie... » Pitoyable excuse, s'il en fût, et compliquée d'une étrange assertion! Quoi! M. de Talleyrand a ignoré jusqu'au dernier moment la résolution prise? Que devient donc la perspicacité proverbiale de ce rusé diplomate? Est-il possible d'ailleurs de soutenir qu'il ignorait les décisions du premier Consul ? [2]

En résumé, pourquoi M. de Dalberg a-t-il tardé à informer sa Cour? Parce qu'il ne voulait pas, a-t-il dit, « par des renseignements qui pouvaient être faux ou par des avis précipités, influer sur les résolutions qu'il a plu à S. A. S. Electorale de prendre. » Or, ces résolutions

---

(1) Napoléon écrit formellement dans ses Mémoires : « L'Electeur m'a livré le duc d'Enghien. »

(2) Voir pour plus de détails *le duc d'Enghien*, Plon, 1888, pages 416 à 438.

ont consisté en deux choses : l'expulsion des émigrés français et les félicitations au premier Consul. Quant à la protestation la plus simple, il n'en a jamais été question. M. de Dalberg ajoute que l'Electeur n'a été informé de l'enlèvement que trente-six heures après l'expédition. Est-ce que, dans la journée même de l'enlèvement, le capitaine Berckeim n'avait pas remis la lettre de M. de Talleyrand à M. Massias, lequel l'avait aussitôt fait parvenir à M. le baron d'Edelsheim ? Ce n'est donc pas trente-six heures après l'enlèvement que la Cour de Bade a été avertie, mais vingt-quatre heures au plus tard. Nous croyons, nous, qu'elle l'a su dans la journée même, puisque le grand veneur de l'Electeur se trouvait à Ettenheim le matin même de l'enlèvement. Est-ce faire une supposition hasardée que de penser que ce fonctionnaire ait été prévenir immédiatement son maître, une fois les troupes françaises parties ?

Un peu plus tard, et commençant à se remettre de sa frayeur, M. de Dalberg se décide à conseiller à sa Cour de prouver que des troupes étrangères se sont portées sans son consentement sur les terres de l'Empire. Pour lui, il a déjà eu soin de le faire devant ses collègues des légations de Russie, de Suède, de Prusse et d'Autriche. Il a officiellement contredit le fait, annoncé par les journaux, que l'arrestation avait eu lieu avec l'assentiment de l'Électeur. Il a insisté sur la permission de séjour qui avait été accordée au duc d'Enghien *par droit d'hospitalité* et au su du Gouvernement français... Veut-on savoir ce qu'était cette hospitalité ? Une pièce officielle va nous le dire. Le 23 mars, quatre jours avant la lettre dont nous venons de parler, M. de Dalberg communiquait à M. de Talleyrand une lettre du baron d'Edelsheim, relative au séjour du duc d'Enghien à Ettenheim. Il en ressortait que le duc, au mois de novembre 1802, avait demandé à S. A. S. Électorale la permission de prolonger son séjour dans cette ville jusqu'au printemps, époque à laquelle il se proposait, ou de faire un voyage, ou de s'établir ailleurs. Le délai ayant été dépassé, on sonda indirectement le Gouvernement français sur la prolongation de son séjour à Ettenheim. La générosité et l'indulgence de ce gouvernement vis-à-vis des émigrés fit penser qu'on pourrait être taxé de dureté en se montrant plus sévère que lui. Il faut peser avec soin ce qui suit : « Il se présenta une époque où l'on devait s'attendre que la demande de faire éloigner le duc d'Enghien serait immanquable ; ce fut lorsque toutes les feuilles publiques répandirent son accession à la fameuse déclaration du comte d'Artois, datée d'Ettenheim, mais vous savez qu'il ne nous fut jamais rien dit à ce sujet... Néanmoins, ne voyant pas de fin à ce séjour du duc d'Enghien, on crut l'y déterminer en lui retirant l'agrément de la chasse, qu'on lui avait accordée [1]. »

Telle était l'hospitalité dont se targuaient l'Électeur et son principal ministre ! Et l'on oserait soutenir que l'Électeur n'a pas été complice ? Il n'a certainement pas préparé l'enlèvement, il n'y a pas matériellement coopéré ; mais, par sa faiblesse, il s'est rendu solidaire de l'enlèvement et de ses suites. Ce malheureux petit gouvernement est d'ailleurs si affolé par ce coup d'État qu'il ne sait quelles excuses offrir et réitérer au premier Consul. Ainsi, le 29 mars, le baron d'Edelsheim prie M. Massias d'informer le Gouvernement français que l'Électeur est indigné des intrigues de l'agent anglais Drake à Munich, et qu'il s'associe à la réprobation universelle de ces actes odieux.

Ici se place un curieux incident que nous ne pouvons laisser de côté. Le 3 avril, M. Massias informe M. de Talleyrand que M. de Lagerbyelke est venu lui faire, de la part du roi de Suède, la confidence suivante. Sa Majesté « pressée par l'intérêt de certaines personnes qu'elle chérissait particulièrement », avait l'intention de s'adresser au Gouvernement de la République pour en obtenir le testament du duc d'Enghien, espérant que le premier Consul serait favorable à cette demande [2].

Sait-on comment M. de Talleyrand répondit à ces ouvertures ? Il écrivit brutalement à M. Massias : « Quant à la demande qu'on nous a dit qu'il se proposait de faire du testament du duc d'Enghien, vous ne devez pas hésiter à répondre que, comme nous ne nous mêlons aucunement des affaires de Suède, nous n'entendons pas qu'on s'occupe des nôtres. » Telle était la façon dont M. de Talleyrand accueillait une demande respectable, inspirée par une affection sincère pour le duc d'Enghien. Cette réponse brutale était motivée, paraît-il, par l'attitude du roi de Suède, qui avait affecté des airs de mépris vis-à-vis du ministre français.

Tout en prodiguant des flatteries au premier Consul, le baron d'Edelsheim finit, lui aussi, par comprendre la nécessité de justifier son propre gouvernement de toute complicité dans l'affaire du 15 mars.

(1) Correspondance de Bade.
(2) *Ibid.*

Aussi fait-il insérer, dans un journal allemand, la lettre de M. de Talleyrand, en date du 11 mars, relative à l'enlèvement. M. de Talleyrand relève aussitôt ce fait. Il ne doute pas que l'insertion de sa lettre dans *la Gazette de Francfort* ne soit due à l'initiative du ministre badois. Il s'en console à sa manière : « Il n'y a point à s'en choquer, dit-il ; il est naturel qu'un État secondaire croie avoir besoin de ménagements et d'apologie aux yeux de l'Europe. On aurait pu seulement désirer que la lettre fût imprimée correctement. » En dépit de ce petit sarcasme, on voit que le ministre des Relations extérieures était mécontent de cette insertion, qui nuisait à son attitude si habilement réservée.

Le 10 floréal, M. Massias transmet au ministre français cette nouvelle : « Le roi de Suède et toute sa suite portent le deuil pour le duc d'Enghien, ce que ne fait aucune des personnes attachées à l'Electeur. » Ce simple détail prouve encore de quelle panique était saisi ce pauvre gouvernement. Sa panique va redoubler, quand il apprendra que la Russie veut protester auprès de la Diète de Ratisbonne contre la violation du territoire de l'Empire. L'Electeur est alors jeté dans une indécision singulière ; il ne sait quelle déclaration faire à la Diète. Pour comble d'ennui, le gendre de son fils, le roi de Suède joint sa protestation à celle de la Russie. Le 26 mai, l'Electeur, redoutant les foudres du premier Consul, devenu Empereur, remercie la Russie de la pureté de ses intentions, mais il supplie en même temps la Diète de ne donner aucune suite aux ouvertures faites, de crainte de troubler, dit-il, le repos de l'Empire et de l'Europe [1].

En résumé, l'Electeur de Bade a laissé tranquillement le gouvernement français violer son territoire et y enlever le duc d'Enghien. Il a répondu à ces deux attentats par des excuses et par des flatteries, par un arrêté contre les émigrés et par une renonciation formelle à toute protestation. Il s'est déclaré satisfait, ne voyant pas qu'il était désormais exposé à tous les affronts.

Qui se laisse outrager mérite qu'on l'outrage !

---

(1) Lorsque Gustave-Adolphe joignit ses protestations à celles de la Russie, des personnes attachées à l'Electeur allèrent trouver M. Massias et le prièrent de faire savoir à l'Empereur des Français « que le séjour du Roi de Suède était, sous bien des rapports, à charge à S. A. S. Electorale. » Si on l'avait exigé, l'Electeur eût été prêt à livrer le Roi de Suède lui-même !

II.

La Russie, appuyée par la Suède, protesta hautement contre l'attentat commis sur la personne du duc d'Enghien. Elle avait choisi pour grief principal devant la Diète de Ratisbonne la violation du territoire de l'Electeur et l'offense solennelle faite au droit des gens. Depuis le traité de Lunéville, la Russie était en froid avec la France. Elle enviait la puissance considérable que notre pays avait reconquise en Europe ; elle ne pouvait lui pardonner de s'opposer à ses vues ambitieuses sur la Turquie. Le gouvernement anglais flattait adroitement le ressentiment de la Russie, encourageait sa jalousie et cherchait toute occasion pour se rapprocher d'elle et lui offrir son alliance. La Russie résolut donc de rompre et de saisir pour prétexte de cette rupture l'affaire d'Ettenheim. Elle était persuadée que, par une opposition énergique, elle amènerait les Cours de Vienne et de Berlin à prendre un parti décisif et à faire cause commune avec elle. Au surplus, si elle était condamnée à demeurer seule dans cette attitude, elle se croyait de force à braver le gouvernement français. Elle savait aussi que la marine française était trop faible pour pénétrer dans ses mers. Elle le disait et s'en targuait. Pour que la France pût lui causer quelque dommage, il aurait fallu qu'elle attaquât d'autres puissances. Forcées de se défendre, celles-ci solliciteraient l'appui de la Russie qui verrait son influence augmenter et qui au besoin s'allierait à l'Angleterre.

Cependant à ces raisons politiques se joignit une indignation réelle, quand la nouvelle de la mort du duc d'Enghien parvint à Saint-Pétersbourg. Déjà l'enlèvement avait causé à lui seul une grande sensation. « L'enlèvement du duc d'Enghien, écrit le prince Adam Czartoryski, opéré par un détachement français dans un pays indépendant avec lequel on était en paix, son procès et son exécution immédiate frappèrent l'Europe d'un sentiment de stupeur, d'horreur et d'indignation dont ceux qui n'ont pas été témoins se feraient difficilement une idée. Cet événement produisit sur l'Empereur et sur toute la famille impériale la plus forte impression ; loin de la dissimuler, on la laissa s'exhaler au dehors sans contrainte. » [1]

(1) Mémoires du prince A. Czartoryski. — Plon, 1887.

Le 5 avril, sur l'ordre spécial du tzar, et sous sa présidence, les membres du conseil impérial et le prince André Czartoryski, adjoint au chancelier Vorontzow, ministre des affaires étrangères, se réunirent au château d'hiver, à sept heures du soir. Le prince, qui dirigeait effectivement le ministère des affaires étrangères, lut au conseil un mémoire sur l'affaire d'Ettenheim. Ce travail, rapidement élaboré en raison de l'urgence des événements « se ressentait, dit son auteur, de l'échauffement d'une nuit passée à l'écrire, sans avoir eu le temps de donner aux expressions la mesure nécessaire et de modérer ce qu'une première rédaction, faite en grande hâte, pouvait avoir de trop violent. »

Ce mémoire faisait appel à la vengeance de l'Europe et invitait la Russie à donner l'exemple d'une protestation énergique. « Sa Majesté, mue par ces considérations, conduite par son cœur sensible et loyal et par le sentiment de sa propre dignité, croit nécessaire de faire prendre à sa Cour le deuil pour la mort du duc d'Enghien et se propose de manifester hautement toute son indignation sur les procédés iniques de Bonaparte. Sa Majesté voudrait d'autant mieux suivre une autre règle de conduite que la violation du droit des gens ayant été commise sur le territoire d'un prince qui, par les liens de sa parenté, tient de si près à l'Empereur, l'outrage fait dans cette occasion à toute l'association des États européens et à l'humanité même ne peuvent, sous ce rapport que le blesser doublement... [1] »

Le tzar, reprochant donc au premier Consul de manquer d'équité et de décence, pensait à renvoyer la mission française de Saint-Pétersbourg et à rappeler de Paris la mission russe. Le conseil impérial parut s'associer à cette disposition. Le comte de Romantzow, qui n'était pas favorable à l'Angleterre et qui avait une certaine sympathie pour Bonaparte, fut le seul qui montra une véritable modération. Il fit valoir la nécessité de ne pas se brouiller avec la France sans des raisons très graves. Il fallait prendre simplement le deuil et passer le reste sous silence. L'événement d'Ettenheim ne touchait pas directement la Russie et la dignité du tzar n'était pas compromise. Il ajouta toutefois que si Sa Majesté était décidée à ne pas taire son mécontentement sur la violation du territoire de l'Allemagne et du droit des gens, il paraissait plus

---

(1) Le tzar avait épousé la princesse Louise-Marie-Auguste de Bade en l'année 1793.

convenable de rappeler dès à présent la mission russe et de renvoyer celle de France, en donnant pour raison l'inutilité d'entretenir des relations avec une puissance qui n'avait aucun égard à leurs représentations et qui violait aussi manifestement le droit des nations. C'était une simple interruption de rapports avec la France. Le prince Czartoryski s'étant rallié à la dernière partie de l'opinion du comte Romantzow, le Conseil décida le deuil officiel et l'interruption des relations diplomatiques avec la France. L'Empereur confirma les conclusions du mémoire et ordonna son exécution. Le prince Czartoryski le remit aussitôt au chargé d'affaires français, M. de Rayneval, qui le reçut avec un grand calme et sans faire la moindre observation. « Dès le lendemain, la Cour parut en deuil, et en passant, après la messe, par la salle où attendait le corps diplomatique, l'Empereur et l'Impératrice ne firent aucune attention au Ministre de France, bien qu'ils adressassent la parole aux personnes qui se trouvaient à côté de lui.... » [1] Le général Hédouville s'en montra naturellement offensé. Il connaissait cependant le motif qui dictait cette attitude. Le 17 avril, la nouvelle de la mort du duc d'Enghien lui avait été confirmée diplomatiquement. « Avant-hier, écrivait le général à M. de Talleyrand, le prince Czartoryski a appris par une estafette le jugement du duc d'Enghien qui, d'après la même nouvelle, doit avoir été fusillé cinq heures après. Dénaturée par toutes les bouches anglaises, elle a circulé de suite dans toute la ville et le grand-duc Constantin la répétait à tous ceux qu'il rencontrait, avec une partialité indigne de lui. J'ai reçu hier les deux lettres de votre Excellence du 3 de ce mois ! Jugez combien elles m'ont fait de plaisir, puisqu'elles me donnent des armes pour rétablir les faits et repousser la malveillance » [2]. Il est évident que M. de Talleyrand, comme on le verra dans d'autres dépêches, y essayait de justifier le meurtre du duc d'Enghien. « J'ai fait passer aussitôt, ajoute Hédouville, au prince Czartoryski, un exemplaire de votre circulaire au corps diplomatique et le rapport du Grand Juge sur les infâmes machinations de M. Drake, ministre anglais à Munich. J'ai demandé un entretien au prince Czartoryski dans lequel je lui communiquerai les détails que votre Excellence m'a donnés de l'arrestation

(1) Voir d'autres détails dans les *Mémoires du Général Van Hoggenlrop* (La Haye, 1887).
(2) Correspondance de Russie. (Archives des Affaires étrangères).

du duc d'Enghien. Le *Moniteur*, qui contient son jugement, m'est parvenu par la voie ordinaire, en même temps que vos lettres.... »

Ce que le général ne dit pas, c'est qu'il communiqua au Ministre russe, outre la dépêche officielle, une lettre qui devait en adoucir l'amertume. « M. de Talleyrand, rapporte le prince Czartoryski, y recommandait de s'adresser à moi en particulier ; il disait que le premier Consul avait foi dans mon caractère et mes lumières, et qu'il était persuadé que, sachant profiter de ma position, je ne voudrais pas exposer les deux pays à rompre une harmonie, non seulement utile à eux-mêmes, mais nécessaire pour le bien de l'Europe. Ces coquetteries ne produisirent, comme de raison, aucun effet sur moi ; j'y vis même une sorte d'injure faite à mon caractère. Je répondis fort sèchement que tout serait mis sous les yeux de l'Empereur, que je n'avais rien à dire avant de savoir sa volonté, mais qu'il me semblait évident qu'il eût fallu faire une autre réponse, si vraiment on désirait maintenir la bonne harmonie entre les deux pays. » Le 20 avril, le général Hédouville donnait à M. de Talleyrand de graves renseignements sur l'état des esprits en Russie. « Tout est changé ici, disait-il, depuis la nouvelle de l'arrestation du duc d'Enghien et l'arrivée de l'estafette qui a appris son jugement. On ne parle que d'une rupture ouverte avec la France et des mesures violentes qui en seront la suite. L'Empereur, entraîné par la jactance et l'inexpérience des jeunes gens qui l'entourent et surtout par la fougue de son frère, s'est échappé plusieurs fois à ce propos contre les Français, en ajoutant qu'ils gâtaient ce qu'ils avaient de bon. » La position de l'ambassadeur français était fort délicate. Le prince Czartoryski s'excusait de ne pouvoir le recevoir. Des courriers étaient envoyés à Vienne et à Berlin, porteurs de lettres menaçantes pour la politique française. Tout annonçait une rupture prochaine. Le 30 avril, le tzar envoyait à M. d'Oubril une note comminatoire. Il le chargeait de la communiquer sans retard au Gouvernement français. Cette note portait en substance que S. M. l'Empereur de Russie avait appris avec étonnement et douleur l'événement d'Ettenheim, les circonstances qui l'avaient accompagné et le résultat affligeant qui l'avait suivi. L'Empereur y voyait une violation gratuite et manifeste du droit des gens et d'un territoire neutre, inquiétante pour la sûreté et l'indépendance des États souverains. Médiateur et garant de la paix continentale, il s'était trouvé dans l'obligation d'exprimer ses sentiments à ce sujet à la Diète de Ratisbonne et il espérait que le premier Consul prêterait l'oreille à ces réclamations et prendrait les mesures nécessaires pour tranquilliser les Gouvernements. L'auteur de cette note était le prince Czartoryski. « Je rédigeai, dit-il, une note qui fit quelque bruit dans le temps ; elle fut remise au Ministère français par M. d'Oubril. La Russie protestait hautement contre un fait qui semblait prouver un oubli total des lois les plus sacrées. Elle demandait une explication satisfaisante, explication évidemment impossible à donner. La réponse ne se fit pas longtemps attendre. Elle fut acerbe et injurieuse. M. de Talleyrand, afin de prouver l'inconvenance de la démarche russe à l'occasion de l'exécution du duc d'Enghien, rappelait que, lors de la mort de l'empereur Paul, la France ne s'était pas crue autorisée à demander aucune explication. » Cette réplique était, il faut le reconnaître, un coup droit. Mais si elle mentionnait un fait avéré, elle en énonçait un autre entièrement faux car, à la différence des assassins de Paul Ier, jamais le duc d'Enghien n'avait médité la mort de son ennemi. Le 29 mai, le prince Czartoryski demandait avis au chancelier Vorontzow sur cette partie de la réponse française. Il trouvait fort délicate cette mention de la mort de Paul et il faisait observer que dans les offices russes, « on n'avait pas parlé de l'exécution du duc d'Enghien, mais uniquement de son enlèvement d'un territoire neutre. L'indigne méchanceté de Bonaparte, ajoutait-il, est visible en cela. Faut-il relever cet article ou non ? Et de quelle manière ? » L'avis personnel du Tzar avait été de ne plus conserver de relations avec la France. Après la note inconvenante de M. de Talleyrand, il ne voulait sacrifier son juste ressentiment que si le royaume de Naples était évacué, le roi de Sardaigne indemnisé et le Hanovre libéré. Si ces exigences n'étaient pas admises, M. d'Oubril devait quitter Paris.

Le prince Czartoryski tenait à avoir sur ces points l'avis du chancelier Vorontzow, car celui-ci n'avait pas été satisfait de la façon dont l'affaire avait été engagée à Saint-Pétersbourg. Il aurait voulu qu'on insistât davantage sur la violation du territoire neutre. « Si Votre Excellence, lui écrivait Czartoryski, avait pu voir de ses yeux la manière dont cette affaire s'est traitée ici et la sensation qu'elle a produite, vous vous seriez convaincu que si même j'avais été d'avis d'arrêter l'espèce d'impulsion que cela a donnée à notre cabinet, mes épaules n'étaient pas de force pour y parvenir, et tout au plus un homme de votre poids et de votre considération aurait pu y réussir. »

Cette rupture des relations diplomatiques semblait indiquer une guerre prochaine. La France ne la craignait pas. « Quelque profonde que fût la douleur que ressentirait le premier Consul du renouvellement des hostilités, disait encore la note de M. de Talleyrand, il ne connaissait personne sur terre qui pût se promettre d'intimider la France, ni qu'il voulût laisser intervenir dans le secret de ses affaires intérieures... [1] »
A la suite de cette note insolente, le général Hédouville dut s'attendre à son rappel. Le 17 mai, il reçut de Paris l'ordre de quitter Saint-Pétersbourg et d'y laisser le citoyen Rayneval comme chargé d'affaires. En se retirant, il signifia au prince Czartoryski que le premier Consul ne voulait point la guerre, mais qu'il ne la redoutait avec personne. De son côté, le Tzar crut de sa dignité de rompre les relations diplomatiques. Il écrivit aussi le 1er juin au prince de Condé :

« Monsieur mon Cousin,

» J'ai reçu les deux lettres de Votre Altesse du 6 et du 18 avril sur l'enlèvement et la fin tragique d'un prince dont je connaissais les exploits et les qualités si rares à son âge. Les vues de la politique ne devant point étouffer les sentiments d'humanité, j'ai manifesté ouvertement les miens sur cet événement et je désire qu'en l'apprenant Votre Altesse en ait ressenti quelque consolation. Il est certain que je n'eusse rien négligé pour sauver, s'il eût été possible, ce digne rejeton d'une race illustre, mais je n'ai appris ses dangers que quand le coup était frappé. Maintenant que notre malheureux et illustre prince n'existe plus, je ne puis que déplorer avec vous sa cruelle destinée et prendre la part la plus vive à vos chagrins.

« Alexandre. »

Le Tzar poursuivit avec ténacité sa protestation à la Diète de Ratisbonne, espérant jusqu'au dernier moment que la Diète blâmerait énergiquement la violation du territoire badois. Mais M. de Talleyrand fit conseiller

(1) A rapprocher du discours de M. de Bismarck au Reichstag, lors du vote sur le septennat militaire.

à l'Electeur de Bade de présenter une déclaration par laquelle, tout en remerciant l'Empereur de Russie de son intérêt, il exprimerait l'entière confiance qu'il conservait dans l'amitié du Gouvernement français et demanderait qu'il ne fût donné aucune suite à la note du chargé d'affaires de Russie. Et là-dessus M. de Talleyrand offrait une déclaration type à laquelle adhérait, sans se faire prier, le baron de Dalberg. « S. A. S. Electorale, reconnaissant la pureté des intentions qui ont dirigé Sa Majesté Impériale de toutes les Russies dans l'ouverture faite de sa part, le 6 mai de cette année, à la Diète générale de l'Empire germanique, et l'intérêt qu'elle prend constamment à sa prospérité, n'est pas moins pénétrée de la plus vive gratitude pour la bienveillance accordée particulièrement à sa Maison Électorale. Elle ne saurait néanmoins réprimer la profonde douleur dont Elle serait affectée, si l'événement qui a eu lieu *casuellement* dans ses Etats devait occasionner des rapports qui entraîneraient après eux des suites dangereuses pour le repos de l'Empire. Cette considération importante et la confiance qu'inspirent les bienveillantes intentions que le Gouvernement français et son auguste chef ont prouvées plus réellement encore à tout l'Empire par la dernière médiation de paix, ainsi que les explications conformes à ces mêmes sentiments au sujet du susdit événement, ne peuvent que faire ardemment désirer à S. A. S. l'Electeur qu'on ne donne aucune suite aux ouvertures et aux propositions faites à cet égard le 6 et le 13 mai à la Diète générale de l'Empire... »

C'était un abaissement honteux de la part de l'Electeur, mais le Gouvernement français n'était pas encore satisfait. Le 23 juin, M. de Talleyrand mande à M. Massias « qu'il faut absolument que la note de la Cour de Bade soit faite de manière à prononcer un : « *il n'y a pas lieu de délibérer* ». Le Ministre attachait une grande importance à la question préalable, parce que la Russie s'était vantée, disait-il, d'être parvenue à annuler dans l'intervalle la note rédigée à Paris. M. Massias se met aussitôt en campagne. Il informe M. de Talleyrand que le baron d'Edelsheim est prêt à concéder tout ce qu'il désirera. Il surgit seulement une petite difficulté. La Prusse et l'Autriche auraient voulu que la déclaration de la Cour de Bade parlât des éclaircissements donnés sur l'arrestation du duc d'Enghien. M. Massias avait objecté que l'Electeur allait se jeter ainsi dans les plus grands embarras. Qu'aurait-il à répondre à la Russie et aux autres puissances, si celles-ci lui demandaient par hasard communication de ces éclaircissements?... Le Ministre de l'Electeur se rendit à cette raison. La Prusse et l'Autriche n'élevèrent aucune protestation et lorsque le Ministre de Russie, apprenant les concessions faites, vint se plaindre à M. de Cobenzl, celui-ci feignit d'ignorer ce dont on lui parlait et ne donna que des réponses évasives. Le 2 juillet, la déclaration, conçue dans les termes dictés par M. de Talleyrand, fut remise à la Diète de Ratisbonne. L'Autriche, la Prusse et les divers Electorats adhérèrent aux conclusions proposées et l'intervention du tzar demeura sans résultat.

Ce fut ainsi que se termina ce grave incident, soulevé à propos d'une violation de territoire et d'une infraction manifeste au droit des gens. L'Europe allait bientôt voir ce qu'il allait lui en coûter de son aveugle soumission : les envoyés Drake, Smith et Taylor menacés d'être enlevés à leur tour, le Ministre d'Angleterre Rumbold saisi aux environs de Hambourg, le Messager d'Etat Wagtaf arrêté aux portes de Lubeck, les négociants Thornton et Parish assaillis près d'Altona. L'attitude peureuse de l'Europe déterminait tous ces attentats. Tandis que presque toutes les puissances s'inclinaient devant Napoléon, la Russie seule conservait sa dignité et son indépendance. Elle rompit toutes relations diplomatiques. « La nature des rapports qui s'établirent alors entre la France et la Russie, dit le prince Czartoryski, n'avait pas eu de précédent. Le motif, tout moral, de ce genre de rupture, était nouveau dans les fastes de la diplomatie, car ce n'était point un prince impérial russe qui avait succombé et le cabinet de Pétersbourg n'avait aucun grief direct à exprimer. C'est la violation du droit des gens et des lois internationales qui amena cette décision. C'était, comme il arrive dans la vie privée, une cessation de toute relation avec un homme dont la manière d'agir blesse nos principes, sans que cela nous oblige à le provoquer en duel. » [1] Examinant alors le parti qui en Europe soutenait le nouvel Empire, le prince Czartoryski fait cette constatation : « Il ne fut composé que de ceux chez qui la peur l'emporte sur toute autre considération et qui partout furent stigmatisés par l'opinion publique. Ce parti s'augmenta quand on crut que toute opposition serait inutile et ne mènerait qu'à de plus grands désastres, mais, encore une fois, il ne fut soutenu que par la peur. Dès que cette peur diminua, dès que les

(1) *Mémoires du prince Czartoryski*, tome I.

sentiments véritables purent se faire jour, ce parti disparut immédiatement et il n'y eut qu'une voix contre l'homme qui, après s'être fait et déclaré despote ordinaire, avait voulu imposer son joug à ses pairs... » Mais si, par hasard, on était porté à croire que la Russie, en protestant contre l'attentat d'Ettenheim, pensait défendre la cause de la monarchie légitime et lutter uniquement pour une idée chevaleresque, on se tromperait fort. Un document qui se trouve, lui aussi, dans les Mémoires du prince Czartoryski est, à cet égard, des plus instructifs. Il est intitulé : *Article pour l'arrangement des affaires de l'Europe à la suite d'une guerre heureuse*, et il est daté de cette même année 1804. En cas de guerre heureuse, l'Autriche devait recevoir la Bavière, le Tyrol et les frontières qui lui conviendraient le mieux en Souabe, en Franconie, en Dalmatie et dans la Vénétie ; l'archiduc Charles et le ci-devant grand duc de Toscane, une principauté en Allemagne ou en Italie ; le roi de Sardaigne, le Piémont, Gênes et une partie de la Lombardie ; la Prusse, les Etats du grand duc de Berg, le duché de Mecklembourg, Fulde, Anspach et la Hollande au besoin, si l'Angleterre y consentait ; la Suède, une nouvelle principauté en Allemagne. Tous les pays d'Allemagne, non englobés par l'Autriche et la Prusse étaient appelés à former l'Empire germanique, confédération à laquelle la Suisse et la Hollande prendraient part. Enfin la Russie devait obtenir tous les pays qui appartenaient à la Pologne, de Dantzig aux sources de la Vistule et des Karpacks aux sources du Dniester. Le tzar s'apprêtait à porter le titre de roi de Pologne.... Et la France, dira-t-on ? « La France, (nous citons l'arrangement) conservera pour frontière les Alpes et le Rhin *jusqu'à une certaine hauteur*. » Il est donc avéré que si l'on proposait en 1804 une levée de boucliers contre la France, ce n'était pas précisément pour venger la mort du duc d'Enghien, ni pour défendre le droit des gens offensé, c'était dans l'espérance de vaincre et de se partager des territoires au détriment de notre pays.

Ce n'est point la première fois que l'Europe essayait des marchés de ce genre. Elle l'avait fait avec les émigrés, elle l'avait fait avec les hommes de la Révolution, sans se lasser, revenant toujours à la charge, n'écoutant que son propre et insatiable intérêt [1].

---
(1) Voir dans les *Annales de l'École libre des sciences politiques* une étude de M. Albert Sorel : les *Discordes de la coalition en* 1793, où cette triste politique est exposée dans toute sa laideur.

III

Les autres puissances, moins l'Angleterre, avaient les mêmes craintes que la Cour de Bade. La Prusse, qui ne manifestait pas encore le *furor teutonicus*, tenait à l'alliance et à la neutralité françaises, quoiqu'un parti assez considérable chez elle, ayant pour chefs la reine de Prusse et le prince Auguste, fît des avances à l'Angleterre. M. Laforest, notre envoyé extraordinaire à Berlin, écrivait déjà le 4 mars à M. de Talleyrand que les trames ourdies par l'Angleterre avaient inspiré de l'horreur au Roi, qui s'était empressé de lui renouveler sa haute estime et son attachement pour le premier Consul [1]. Le 31 mars, dix jours après l'exécution du duc d'Enghien, Laforest mandait à M. de Talleyrand : « M. d'Haugwitz m'a parlé hier des arrestations faites sur la rive droite du Rhin. Il l'a fait dans des termes conformes à ce qu'il m'avait dit le 23 ventôse au sujet d'Embden. Il a réitéré les assurances qu'il m'avait données alors de la part du Roi. » Sa Majesté désirait que le premier Consul « déracinât l'horrible combinaison acharnée contre sa personne et son gouvernement ». Et M. d'Haugwitz se félicitait de la saisie des papiers du duc d'Enghien. « Mais, ajoutait Laforest, il m'a témoigné quelque sollicitude sur les reproches qui pourront être suscités contre la forme, quoiqu'en Allemagne il y ait des exemples sur tout et qu'il ne doute pas que les précautions d'usage n'aient été prises de manière à prévenir les plaintes locales ». Or, dans les ordres du premier Consul transmis à Ordener et à Caulaincourt, figuraient ces lignes menaçantes : « Ils feront connaître aux baillis des deux villes que s'ils continuent de donner asile aux ennemis de la France, ils s'attireront de grands malheurs... » Telles étaient « les précautions d'usage » qui avaient été prises pour prévenir les plaintes locales.

Les bulletins envoyés de Berlin par Laforest contiennent de curieux renseignements sur les dispositions des esprits en Prusse après l'enlèvement d'Ettenheim et l'attentat de Vincennes. Le 26 mars, M. d'Alopéus faisait ostentation d'une lettre de Carlsruhe qui donnait la liste

---

(1) Correspondance de Berlin.

des personnes arrêtées à Ettenheim. On dénonçait la violation des États de l'Électeur; on la considérait comme une atteinte à l'indépendance des princes de l'Empire. Le 28, on se livrait à un commentaire malveillant de cet acte et l'on murmurait hautement contre la France. Le 29 et le 30, on entendait bien des personnes blâmer l'arrestation du duc d'Enghien et l'enlèvement de ses papiers. L'opinion était émue, « égarée », suivant Laforest. « Mais, ajoutait l'ambassadeur français, un chef d'État, poursuivi depuis trois ans par les poignards, est d'un plus haut intérêt et doit inspirer plus de sensibilité. Sa Majesté saura sans doute apprécier la situation du premier Consul et le plaindre d'avoir à réprimer des complots que sa clémence connue rend plus odieux. » Le 1er avril, on affirmait que la Terreur régnait de nouveau en France. On croyait cependant que le premier Consul ferait grâce au duc d'Enghien. Le soir même, M. d'Alopéus apprenait que le prince avait été fusillé. « La fureur a été à son comble dans les coteries anglaises », écrit Laforest. Le 3 avril, l'ambassadeur français donne une information dont l'importance va se faire immédiatement saisir. « Des lettres de Paris, dit-il, annoncent que si le duc d'Enghien eût eu des juges civils, il aurait bien fallu se rendre aux preuves de son innocence. » Cela était très hardi de la part d'un ambassadeur français, même sous la forme d'un renseignement. Laforest, homme droit et véridique, racontait loyalement tout ce qu'il voyait, tout ce qu'il entendait. L'orgueil national allemand était blessé par les formes violentes et méprisantes de l'enlèvement du prince. Drake était traité d'imbécile pour avoir exécuté trop naïvement ses instructions. La reine de Prusse déplorait ouvertement l'assassinat; la haute société se laissait aller à de violents propos contre l'application de lois iniques au duc d'Enghien. Laforest avait entendu dire que ces lois avaient été promulguées antérieurement à l'époque où le prince avait cessé d'être Français par sa sortie de France. « Le duc d'Enghien, disait-il, d'après ces conversations, n'en était pas plus justiciable que tout autre étranger. Le premier Consul s'est jeté dans les bras des Jacobins et il leur a donné ce gage de réconciliation. Le duc d'Enghien était une victime désignée à leur fureur. Enfin, ajoutait l'ambassadeur français, les hommes qui crient le moins déplorent que le premier Consul ait pu être entraîné par les circonstances dans une mesure de ce genre et ait soulevé contre lui la pitié qu'excitent toujours les victimes de la fortune. » De toutes les correspondances que j'ai lues aux Affaires étrangères, c'est à coup sûr la correspondance de Berlin qui reflète le mieux le sentiment intime de l'Europe. Laforest a dit la vérité à ses risques et périls ; il a parlé noblement du duc d'Enghien ; il mérite une sincère approbation pour sa franchise. [1]

Malgré les menaces de la haute société, le gouvernement prussien se tint coi. Pour éviter l'embarrassante question du deuil, la *Gazette royale de Berlin* garda le silence sur le procès et sur la condamnation du duc d'Enghien. Mais les Allemands en conservèrent le souvenir, car, en 1806, un manifeste lancé au nom de la Prusse portait ces lignes : « L'indépendance du territoire allemand a été violée au sein de la paix d'une manière outrageante pour l'honneur de la nation. Les Allemands n'ont pas vengé la mort du duc d'Enghien, mais jamais le souvenir de ce forfait ne s'effacera parmi eux. » [2]

En attendant, la Prusse s'effaça, comme la plupart des autres États, devant la puissance formidable du premier Consul. Elle renvoya toute cachetée à Louis XVIII la protestation que ce prince avait adressée au roi de Prusse contre l'enlèvement de son neveu. Elle alla même plus loin. Elle fit complimenter audacieusement, par le président de Hoym, Louis XVIII d'être resté étranger aux complots dirigés contre le premier Consul. « Le président, rapporte le prince, m'a ajouté que le roi de Prusse était très fâché que, par son imprudence, le duc d'Enghien se fût attiré son sort et eût compromis l'Electeur de Bade. J'ai répondu qu'ainsi que tout homme bien pensant et ma douleur à part, je regardais l'enlèvement du duc d'Enghien comme la plus insigne violation du droit des gens et sa mort comme le plus abominable des assassinats... » C'était encore le prétendant qui, dans cet aplatissement

---

(1) Que ce soit le secrétaire de l'ambassade, Portalis, qui ait rédigé ces bulletins, peu importe ! Ils ont été écrits sous la dictée de Laforest et signés par lui, voilà le principal.

(2) A ce propos, l'auteur des *Mémoires tirés des papiers d'un homme d'État* dit que ce manifeste s'inspirait de la connaissance récemment acquise du meurtre de ce prince. Le duc d'Enghien aurait adressé au premier Consul un cartel pour vider leur querelle sur un territoire neutre. Il aurait été assisté du roi de Suède dans ce duel. Cette historiette vaut celle que raconte Tolstoï dans « *la Guerre et la Paix* » (tome Ier).

presque universel, gardait la posture la plus fière et la plus digne.[1]

Le marquis Lucchesini avait envoyé de Paris au roi de Prusse le 24 mars 1804, un récit détaillé de l'enlèvement et de l'exécution. Il y parle de l'effroi, de la stupeur et de la consternation de la capitale. « Ceux dont l'imagination exaltée ne se soumet point au froid calcul de l'État, ajoute-t-il, voient déjà la Russie en mouvement, l'Autriche poursuivant la direction guerrière qu'elle imprime à ses opérations secrètes et toute l'Europe en feu... » Le marquis Lucchesini ne semblait pas croire sérieusement à cette conflagration, car le corps diplomatique n'était exalté qu'en paroles. « Une suite d'événements aussi importants eût mérité une plus prompte expédition du courrier que je fais partir aujourd'hui, si je n'eusse cru imprudent d'irriter, *sans aucune utilité réelle*, la susceptibilité du premier Consul par une expédition extraordinaire, dont le but n'eût été alors que l'annonce de l'exécution d'un prince de Bourbon. Tout le corps diplomatique, à l'exception de l'ambassadeur de Naples, a suivi mon exemple. » Jusqu'où donc a été l'audace du marquis Lucchesini ? Il va le dire lui-même : « Quant à l'événement principal, je n'en ai parlé, Sire, ni à mes collègues ni aux membres du gouvernement, que pour exprimer mon extrême affliction de ce que le premier Consul était sans doute forcé par la nécessité des circonstances, à soumettre un prince, arrêté hors de France, à toute la rigueur de la loi... »[2] Ce respect officiel et tempéré d'une exécution motivée par la nécessité des circonstances, se transforma, peu de temps après, en un blâme contre le duc d'Enghien qui, par son imprudence, s'était attiré son sort et avait compromis l'Electeur de Bade. On avait commencé par déplorer l'acte violent du premier Consul, par l'appeler une irrégularité regrettable ; on finissait par l'approuver. Secrètement on ébauchait des intrigues avec la Russie et l'Autriche ; ni les uns ni les autres ne prévoyaient Austerlitz et Iéna.

---

(1) Laforest le constate aussi dans une lettre à Talleyrand du 27 avril 1804. Il rapporte que le prétendant avait pris cette insinuation de très haut, qu'il s'était défendu de la plus légère participation à des attentats qu'il réprouvait et s'était plaint amèrement que le soupçon d'avoir connivé à un assassinat eût pu un instant l'atteindre. (Correspondance de Berlin).

(2) Rapport cité par M. Boulay de la Meurthe. *Dernières années du duc d'Enghien* (Pièces justificatives). Un extrait en a paru dans Bailleu : *Histoire des relations de la France et de la Prusse* (1802-1807), tome II.

A Munich, on savait aussi se plier aux circonstances. Le 1er mars, l'Electeur témoignait au premier Consul sa sollicitude pour une vie si chère à la France et à ses alliés ; le 9 mars, il admirait l'énergie et la vigilance du gouvernement français ; le 18, il renouvelait ces compliments au sujet de la découverte des conspirations d'Ettenheim et d'Offenbourg ; enfin, dans plusieurs dépêches, il désavouait le ministre Drake et il s'engageait à lui interdire son territoire [1]. A Stuttgard, même attitude, mêmes flagorneries. Déjà M. de Talleyrand remerciait, le 9 mars, l'électeur de Wurtemberg de ses félicitations pour le succès des mesures qui avaient anéanti des projets menaçants pour la sécurité du gouvernement français. « Je doute d'autant moins de leur sincérité, déclarait M. de Talleyrand, que le repos de l'Empire germanique et la tranquillité des princes qui le composent, sont principalement attachés à la conservation du gouvernement de la République française. » [2] Ceci était écrit à la veille de l'enlèvement d'Ettenheim. Le 20 mars, notre chargé d'affaires, Didelot, informa le ministre des relations extérieures qu'il avait vu le baron de Steube, ministre de l'Electeur, au sujet de l'affaire évoquée par la Russie à la diète de Ratisbonne. Le baron l'avait questionné, d'un air effrayé, sur l'entrée des Français à Ettenheim. « Je réussis à le rassurer, écrit Didelot. L'enlèvement du prince d'Enghien paraît faire la plus grande sensation à la Cour. J'ai su de la manière la plus certaine que l'Electeur et son ministère, quoique effrayés, ont jeté feu et flammes contre cette démarche qu'ils qualifient du plus grand attentat au droit des gens et à l'indépendance des nations. » Cet orage ne dura guère. Dix jours après, le baron de Steube écrivait lui-même à M. de Talleyrand qu'il ne souffrirait en Wurtemberg personne qui pût troubler le repos du gouvernement français. L'Electeur venait en effet de prendre un rescrit qui interdisait le séjour de ses Etats aux émigrés. Enfin, lorsque le premier Consul devint Empereur, le baron de Steube pria M. de Talleyrand de lui témoigner « l'attachement inviolable, la haute considération et la reconnaissance de l'Electeur, son vif et sincère intérêt, ses respectueuses félicitations, etc... » [3] Tant de courtisanerie écœure.... mais nous ne sommes pas au bout.

(1) Correspondance de Munich.
(2) Correspondance de Wurtemberg.
(3) Correspondance de Wurtemberg.

A Dresde cependant, si l'on en croit d'Antraigues, l'agent le plus remuant de l'émigration, l'émotion aurait été grande. « La nouvelle effroyable de l'assassinat de Mgr le duc d'Enghien, écrivait-il au comte d'Artois le 2 avril, est arrivée hier par les papiers publics seuls, car aucune lettre de France n'a eu cours en date du 22, jour de l'assassinat, et les ministres n'ont pas sans doute pu ni écrire ni expédier des courriers. L'effet que cette nouvelle a produit dans ce pays a prouvé à quel point une pareille horreur frappait toutes les âmes... » Mais en Saxe, comme ailleurs, tout se borna à des protestations verbales.

L'Europe semblait, par son attitude, approuver la réflexion du premier Consul : « Il a fallu faire voir aux Bourbons, au cabinet de Londres, à toutes les cours de l'Europe, que ceci n'est pas un jeu d'enfants.... Les circonstances dernières dans lesquelles nous nous sommes trouvés, n'étaient point de nature à être traitées chevaleresquement. Cette manière, dans les affaires d'Etat, serait puérile. »

IV

L'Autriche prit le parti de dissimuler. Elle avait bien l'envie secrète de recommencer les hostilités ; l'archiduc Charles ne cessait d'y encourager l'empereur François. Mais ses armées n'étaient pas encore prêtes et les princes allemands ne paraissaient guère disposés à suivre sincèrement sa politique et à défendre ses prétentions. Le gouvernement français, qui était au courant de cette situation difficile, en profita pour se montrer plus arrogant. M. de Cobenzl faisait cependant une cour assidue à M. de Champagny, notre ambassadeur à Vienne. Il le tenait au courant de tout ce qui aurait pu déplaire au premier Consul ; il se montrait prêt à obéir à toutes ses exigences. Il surveillait attentivement les émigrés français, traquait un sieur de Saint-Félix qui était venu s'établir en Bohème, expulsait un nommé Frison, sans lui accorder « aucune espèce de secours, par égard pour le Gouvernement consulaire », prescrivait d'arrêter et de transférer à Strasbourg les Français Dussault et Sébastiani. L'Empereur et l'Impératrice comblaient M. de Champagny d'attentions et de politesses, et l'ambassadeur en informait avec satisfaction le ministre des Affaires étrangères, auquel il prodiguait en même temps ses compliments et ses flatteries. Il y joignait même par instants des objets plus substantiels ; c'est ainsi que le 5 février, il lui envoyait par courrier plusieurs faisans. Mais le gibier que M. de Talleyrand préférait, c'était le gibier politique et il lançait à sa poursuite le pauvre ambassadeur qui, si l'on en croit ses aveux, aurait bien voulu revenir en France. Le 18 février, M. de Talleyrand adressa à Champagny le rapport du grand juge Regnier sur les trames ourdies par l'Angleterre contre le Gouvernement français. « Ce complot affreux, disait emphatiquement le ministre, ne servira qu'à faire éclater de nouveau l'énergie et l'unanimité des sentiments qui attachent les Français au premier Consul, auquel ils ont confié leurs destinées.... » [1]. L'enlèvement du duc d'Enghien avait répondu à ces complots. Voici en quels termes M. de Talleyrand explique cette grave affaire à l'ambassadeur de France : « Une multitude de faits et de preuves, écrivait-il le 19 mars, résultant de la procédure qui s'instruit à Paris touchant la conspiration tramée contre le premier Consul, ayant mis en évidence la complicité d'un comité d'émigrés résidant à Offenbourg et à Ettenheim, le Gouvernement a senti qu'on n'avait pas un moment à perdre pour s'assurer de ces conspirateurs qui, attendant aux portes de Strasbourg les succès des machinations détestables tramées par leurs complices de l'intérieur, ne cessaient pas d'ailleurs d'entretenir avec eux une correspondance d'argent et d'avis dont tous les détails ont été connus. » Ces lignes ne sortent-elles pas de la même main qui a écrit la note du 8 mars ? Dans les unes comme dans les autres, on retrouve absolument la même pensée.

Ici, il y a une aggravation odieuse, c'est le persiflage. « Si les mesures prises à cet égard, ajoute M. de Talleyrand, étaient l'objet de quelque observation qu'on élèverait devant vous, vous ne manqueriez pas de repousser, *même avec moquerie*, les arguments qu'on voudrait tirer du droit des gens.... » [2]. Tel était le ton du ministre des relations exté-

---

(1) Correspondance de Vienne.
(2) Cette dépêche est autrement grave que la note du 8 mars. Elle est adressée officiellement à un ambassadeur et son auteur en a pesé à loisir tous les termes. Il est impossible de dire ici qu'elle est l'œuvre d'un secrétaire, faussaire de son métier.
Et puisque je touche incidemment à ce point, je constate un fait curieux qui n'a pas encore été relevé. On a dit que la note du 8 mars avait été inventée par Perret. Or, Perret n'a été secrétaire de M. de Talleyrand qu'en 1806 et M. de Meneval affirme que la note a passé par ses mains en 1804, lorsqu'elle fut adressée au premier Consul.

rieures dans une circonstance aussi grave ; telle était la façon méprisante dont cet homme d'Etat si modéré traitait la violation du droit des gens, laissant aux Etats secondaires le soin de prendre des ménagements aux yeux de l'Europe ! A ces instructions ironiques, M. de Talleyrand joignait un ordre ; il fallait que l'Autriche éloignât immédiatement à cinquante lieues des frontières les émigrés français qui pouvaient rester dans la Souabe et le Brisgau. « J'ajoute un mot à ma dépêche de ce jour, disait Talleyrand, en *post-scriptum* et c'est pour vous confirmer ce que vous aurez déjà appris par les rapports de Carlsruhe, savoir que le duc d'Enghien se trouve au nombre des personnes qui ont été arrêtées à Ettenheim. Cette circonstance va grossir l'évènement et donner plus d'amertume aux observations. *C'est pourquoi il faut parler haut et nettement.* Croyez qu'on se fie à votre langage. Nous savons que vous avez toujours celui de la place et de la chose. Je vous salue de tout mon cœur.

Ch. Mau. TALLEYRAND. »

Ainsi le Ministre des relations extérieures ne se contentait pas d'annoncer l'enlèvement, il voulait qu'on le justifiât avec autorité comme avec dédain. Ceci répond péremptoirement et par avance à la fameuse justification de M. de Talleyrand qui, paraît-il, est victorieusement démontrée dans ses *Mémoires*, lesquels vont enfin paraître à la fin de cette année. Personnellement je les attends avec patience, persistant à douter de la possibilité de cette justification. Je crois à la vérité de l'observation de Sainte-Beuve : « Acteur consommé, il aura écrit pour colorer sa vie, non pour la révéler. » [1]

Au fond, l'Autriche éprouva du dépit, voire quelque chagrin. Elle prit sur elle de ne rien dire ou de dire peu de chose, se réservant,

---

Il affirme encore que la note était écrite sur une feuille double de papier tellière, tout entière de la main de M. de Talleyrand et signée par lui. D'autres aussi l'ont vue.

Que peut-on répondre à cette constatation et à ces affirmations ?

(1) Voir dans le *Times* du 29 mai 1890 un article dû à la plume de M. de Blowitz sur les mémoires de M. de Talleyrand dont une copie existe en ... gleterre, et la lettre de M. le duc de Broglie du 2 juin 1890 au rédacteur en ch... *Figaro* protestant contre les indiscrétions du *Times*... Un article signé « Whist ... ru au *Figaro* le 5 janvier 1890, avait déjà mis le public au courant de ce que peuvent contenir ces fameux mémoires. Il n'est pas trop en désaccord avec ce qu'a révélé M. de Blowitz.

comme nous l'avons déjà indiqué, pour l'avenir. Elle noua des intrigues avec la Russie et l'Angleterre. Elle fit ouvertement des cajoleries à l'ambassadeur français pour détourner son attention. Elle s'empressa de lui dire qu'elle emploierait tous les moyens possibles pour ajouter à la sûreté du premier Consul. Elle ne répondit pas à la lettre que Louis XVIII avait adressée à toutes les puissances ; elle se décida à rendre un arrêté d'expulsion contre les émigrés français qui séjournaient sur ses Etats. Cependant à la nouvelle de l'arrestation du duc d'Enghien, M. de Cobenzl perdit quelque peu de son superbe sang-froid. « Convenez, Monsieur l'Ambassadeur, dit-il à l'ambassadeur français, qu'il est bien étonnant qu'un prince de France soit mêlé là-dedans...? — Eh ! Monsieur, lui répondit M. de Champagny, de quoi peut-on s'étonner après ce que nous venons de voir ? Que ne peut l'influence corruptrice d'un gouvernement qui viole sans pudeur les lois de la morale et les droits de l'humanité ! » Cette belle phrase sur l'humanité et la morale, au moment où le duc d'Enghien succombait traîtreusement sous des balles françaises, nous rappelle certaine tirade de Fouché sur la sensibilité, lors du massacre des Lyonnais. Cependant cette phrase, ainsi qu'un commentaire étendu sur les dangers qui menaçaient tous les chefs de gouvernement, parurent avoir raison de l'émotion de M. de Cobenzl. « Il s'est trouvé comme soulagé, écrit sérieusement l'ambassadeur, et m'a donné à cet égard toutes les assurances que je pouvais recevoir de lui. » M. de Cobenzl n'était pas d'ailleurs fondé à blâmer le gouvernement français, puisqu'il avait consenti à l'expulsion des émigrés qui avaient échappé à ces arrestations. Bien des Autrichiens se rendaient compte de la faiblesse de leur ministre et s'écriaient attristés : « Nous sommes donc entièrement sous le joug de la France ! » C'étaient la stupeur et l'effroi qui dominaient et M. de Champagny pouvait écrire à la date du 31 mars : « La hardiesse importante de cette mesure et l'étonnement de la voir se porter sur un prince de France ont ici répandu une espèce de terreur. » Deux jours auparavant, M. de Champagny avait été reçu par l'Empereur. Il lui témoigna combien le premier Consul avait été sensible à l'intérêt que Sa Majesté avait pris à l'heureuse découverte de la conspiration qui menaçait ses jours. « L'Empereur, rapporte l'ambassadeur, m'a redoublé les assurances de l'intérêt qu'il prenait à la conservation du premier Consul.

Je lui ai dit que je les croyais tellement sincères que je m'adresserais avec confiance à Sa Majesté et à ses ministres dans toutes les circonstances où j'aurais à réclamer des preuves de cet intérêt. Je pensai alors à la demande que vous m'avez prescrite par votre lettre du 29 ventôse. » On croit peut-être que cette demande, c'est-à-dire l'ordre d'expulser les émigrés français, froissa l'Empereur d'Autriche.

On se tromperait singulièrement. Il oublie le duc d'Enghien, comme lui et ses prédécesseurs ont jadis oublié les autres princes français [1]. Il répond vivement à M. de Champagny, et avec une sorte de bonhomie malicieuse : « Oui, oui, et si vous n'êtes pas content de mes ministres, adressez-vous à moi ; je les ferai aller ! » En se retirant, M. de Champagny crut même voir la figure de Sa Majesté s'épanouir, « comme si elle se fût réjouie de ce que cette entrevue, qu'elle avait peut-être redoutée, se fût bornée de ma part à de simples compliments » [2]. De son côté, M. de Champagny, avec la politesse enthousiaste d'un courtisan, approu-

(1) Il était fidèle à la politique de Thugut qui avait considéré avec indifférence le sort de la famille royale et avec scepticisme les progrès de l'esprit révolutionnaire. L'agrandissement territorial de la maison d'Autriche, à n'importe quel prix, était son unique préoccupation. C'est ainsi que Thugut, au mois d'avril 1793, écrivait impudemment : « L'Empereur se soucie assez peu de savoir qui dominera la France. Ce qui est essentiel pour son service est de se rendre maître d'une aussi grande étendue de pays qu'on pourra, afin de faire la loi au parti qui, en dernier résultat, aura prévalu et l'obliger d'acheter la paix et la protection de l'Empereur, en lui cédant cette partie de ses conquêtes que Sa Majesté jugera de sa convenance. » (Voir Albert Sorel : *Les discordes de la coalition en* 1793). — Le prince de Condé s'était lui-même plaint que l'Autriche ne songeât qu'à prendre l'Alsace et la Flandre, au lieu de s'occuper de sauver la Reine.

(2) Correspondance de Vienne. — François II ne s'inquiétait pas plus du sort du duc d'Enghien qu'il ne l'avait fait pour la famille royale et pour Marie-Antoinette. Il est impossible d'oublier la dépêche que Metternich avait envoyée le 3 mai au chancelier Trautmansdorf : « Ce que je vous ai mandé, M. le comte, de la proposition qu'a faite la Convention nationale de rendre la liberté à la famille royale, si on la rendait par échange aux prisonniers livrés par Dumouriez, *est un fait avéré* que M. le prince de Cobourg m'a confirmé lui-même, lorsque je me suis trouvé à son quartier général ; mais cette proposition ayant été accompagnée d'un armistice illimité, je suppose que le maréchal n'a point *jugé à propos d'y acquiescer !...* » L'aveu est franc. Remarquez qu'il échappe à l'homme qui a le plus maudit la Révolution. (Voir Albert Sorel : *Loc. cit.*). — Il importe d'étudier aussi les correspondances imprimées de la Cour de Vienne — d'avril à décembre 1793 — et les lettres navrantes de Mercy où il se plaint que l'Empereur ne fasse rien pour arracher l'auguste Reine à ses bourreaux.

vait toutes les mesures prises à Paris. « L'arrestation de Georges, écrivait-il à M. de Talleyrand le 31 mars, légitime parfaitement celle du prince d'Enghien. On arrête son ennemi là où on le trouve, surtout quand on le saisit, le bras déjà levé pour frapper.... » Le diplomate qui écrivait ces lignes, savait bien que l'accusation dont il parlait était fausse. Il aurait dû se rappeler aussi qu'en 1793, malgré ses preuves d'attachement au régime républicain, il avait été lui-même injustement arrêté et menacé de mort. Mais serviteur docile du premier Consul, il en avait épousé toutes les haines comme toutes les ambitions. Il allait cependant, en dépit de son zèle, être exposé à des soupçons injurieux. Une lettre du duc d'Enghien, trouvée dans les papiers saisis à Ettenheim, apprend à Bonaparte, puis à M. de Talleyrand que l'intègre Champagny fréquente des personnages à Vienne, chez lesquels il rencontre le comte d'Esterhazy, revêtu du costume de général français et portant le cordon bleu. M. de Talleyrand s'émeut et, sur l'ordre du premier Consul, il écrit une lettre assez vive à l'ambassadeur. M. de Champagny assure que le fait était faux. Il ne s'était jamais trouvé à table auprès du comte d'Esterhazy et celui-ci n'avait jamais porté l'uniforme français. Quant au cordon bleu, cela était exact ; mais l'ambassadeur français avait informé aussitôt M. de Cobenz'l que le comte d'Esterhazy portait une décoration interdite par son gouvernement. M. de Cobenz'l lui répondit que le comte allait partir. Voulant faire preuve de zèle et détruire tous les soupçons portés contre lui, M. de Champagny réclama alors le départ immédiat des émigrés qu'on lui avait déjà promis. « M. de Cobenz'l hésitait. Il me disait que, dans son opinion personnelle, ce n'était pas le moment de demander ou de prendre aucune détermination nouvelle relative aux émigrés. Vous devinerez sans peine quelle est cette circonstance qui faisait hésiter M. de Cobenz'l. » On venait d'apprendre à Vienne l'exécution de Vincennes. « J'ai cru au contraire, observe M. de Champagny, que c'était plus que jamais le moment. J'ai insisté sur ma demande. » Le lendemain, M. de Cobenz'l, plus éclairé, répondait à l'ambassadeur que l'Empereur accédait aux exigences du gouvernement français. On soupçonne facilement quelle rage se cachait sous cette politesse diplomatique. La nouvelle du jugement prononcé contre le duc d'Enghien avait fait à Vienne une sensation prodigieuse. « Elle était très inattendue, remarque M. de Champagny, mais il a été impossible de ne pas y voir le résultat des intrigues anglaises. Cet événement n'a pas dû entrer et n'est pas entré dans nos conférences politiques. On ne m'en a pas parlé et je n'en ai point parlé.... » Il fallait une récompense à un ambassadeur aussi docile et aussi habile. Chose bizarre, ce sera l'Empereur d'Autriche lui même qui la lui décernera. Le 9 avril, M. de Champagny, remerciant M. de Talleyrand de la lettre particulière où il l'avait informé de l'issue du jugement de Vincennes, lui mande qu'il est fier de représenter le premier Consul, « c'est-à-dire le premier homme de son siècle dans la première Cour de l'Europe », et il ajoute qu'il voudrait avoir l'honneur de donner l'Empereur d'Autriche pour parrain à l'enfant qu'il attend. Il le consulte secrètement sur ce sujet. Le premier Consul accorde la permission le 19 avril, et l'Empereur consent au désir de l'ambassadeur français.

Quelque temps après la journée du 21 mars, M. de Cobenz'l vint en France et prodigua au premier Consul les plus flatteuses assurances d'amitié et de dévouement. Bonaparte en écrivit le 2 mai à M. de Talleyrand : « J'ai vu M. de Cobenz'l, citoyen ministre. J'ai été satisfait de la lettre qu'il m'a lue et surtout des passages qui m'ont paru relatifs, soit au duc d'Enghien, soit à ce qui se prépare en France. » Ainsi non seulement on ne protestait pas contre l'exécution de Vincennes, mais encore on félicitait hautement le premier Consul d'avoir mis fin aux conspirations et de prendre bientôt possession du suprême pouvoir. Tout cédait en Autriche aux volontés de la France. Bonaparte était satisfait ; M. de Talleyrand l'était moins. Les journaux allemands n'avaient-ils pas eu l'audace de publier sa lettre à l'électeur de Bade? Il eût, lui aussi, préféré un sage silence. Il avertit de cette publication, le 20 avril, l'ambassadeur français et, affectant d'être peu ému, il lui dit : « Je ne vous en parle qu'afin que vous montriez à cet égard, s'il en est question devant vous, la même indifférence que je témoigne ici.... » Mais le seul fait de l'envoi de cette lettre à M. de Champagny prouve que le sentiment intime de M. de Talleyrand n'était point de l'indifférence [1].

En résumé, l'Autriche se tut : seulement en plusieurs circonstances, elle laissa deviner que, si elle eût été la plus forte, elle eût vengé la mort du duc d'Enghien.... en diminuant à son profit la France trop

---

(1) La même publication faite par le baron d'Edelsheim lui avait déjà causé, comme nous l'avons vu, un certain dépit.

agrandie. Elle se contentait d'agir d'une manière sournoise. Ainsi, elle fit blâmer à Paris par M. de Cobenz'l comme intempestive la note de la Russie présentée à la diète de Ratisbonne. L'ambassadeur autrichien déclara que son gouvernement avait prescrit de laisser les choses s'arranger par le canal de Bade, et dans une audience particulière à Saint-Cloud, il remit à Napoléon une lettre de l'Empereur qui le félicitait d'avoir triomphé des complots de ses ennemis. Pendant ce temps, les représentants de l'Autriche à la Diète ne se montraient pas aussi opposés aux exigences de la Russie, ce qui faisait dire à M. de Talleyrand écrivant à Champagny : « Il y a dans toute cette conduite un contraste que vous ne sauriez trop relever, puisqu'il se prolonge et s'accroît d'une manière aussi peu attendue.... » [1]. On voit que le directeur de la politique autrichienne, le baron de Thugut, rivalisait de duplicité avec le prince de Talleyrand. Mais la docilité marchait de pair avec la duplicité. Ainsi quelques mois après, sur la demande de M. de Talleyrand, le cabinet autrichien consentait à brûler la protestation de Louis XVIII contre la dignité impériale dont Napoléon s'était revêtu !

V

La Cour de Naples ne manifesta pas une grande émotion en apprenant l'exécution de Vincennes. Notre ambassadeur, Alquier, envoya à M. de Talleyrand le 10 avril l'étrange dépêche que voici : « Le jugement et la mort du duc d'Enghien ont fait une impression profonde sur la Cour, mais cet exemple salutaire, que rien ne semblait annoncer, a excité encore plus d'étonnement que de douleur. La Cour, informée quelques heures avant moi, avait gardé le silence et toute la ville ignorait encore ce qui s'était passé à Paris, lorsque le courrier de Votre Excellence est arrivé. Deux jours après, le Roi en parla d'une manière assez simple à son lever. Je suis certain que la Reine a dit à quelqu'un : « *Je connaissais ce pauvre diable*. C'était le seul des princes français qui eût de l'élévation et du courage.... Je me console néanmoins de ce qui est arrivé, parce que j'espère que cela nuira au Consul.... » [2]. D'après les dépêches du marquis de Gallo, la Cour de Naples avait dit

(1) Autriche (*Supplément*) n° 27. Affaires étrangères (juillet 1804).
(2) Correspondance de Naples.

et fait dire que le territoire de Bade avait été violé, et que ce n'était qu'après avoir repassé le Rhin avec les prisonniers qu'on avait fait demander à l'Électeur son autorisation. « J'ai rétabli les faits comme ils devaient l'être, observe Alquier et mon explication a prévalu sur celle de la Cour.... » Puis vient ce post-scriptum qui nous en apprend plus long que vingt dépêches : « Le chevalier Acton m'a prévenu qu'il n'y aurait pas de deuil »[1].

On s'est fort étonné de voir, huit mois après ce déplorable événement, le Souverain Pontife se rendre à Paris pour sacrer l'empereur Napoléon, comme jadis Étienne II était venu sacrer Pépin le Bref. Joseph de Maistre, entre autres, a écrit à ce sujet une page aussi injuste que violente. Les mémoires du cardinal Consalvi renferment d'intéressants détails sur l'attitude de Pie VII à la nouvelle de l'exécution de Vincennes. « Quand le cardinal Fesch vint, de la part du chef de la France, annoncer au Pape l'assassinat de cette grande et innocente victime, le Saint-Père pleura beaucoup et dit que ses larmes coulaient autant sur la mort de l'un que sur l'attentat de l'autre. Dans sa pensée, Pie VII déplorait amèrement cette mort, mais il déplorait plus amèrement encore que Bonaparte s'en fût rendu coupable. Les explications embrouillées que le cardinal Fesch était chargé de lui présenter ne le convainquirent point et lorsqu'on mit en question le couronnement de Bonaparte et le voyage à Paris, la mort du duc d'Enghien fut une des causes qui firent si longtemps hésiter le Saint-Père... » En effet, à la première demande qui lui fut faite de se rendre à Paris, Pie VII opposa presque un refus ; quand on revint à la charge, il essaya certains atermoiements. Il ne céda que devant la crainte de voir l'Église de France et la catholicité subir, par ce refus persistant, des maux irrémédiables. Ne lui attribuez aucun motif humain, aucune ambition vaine, car le moment viendra bientôt où l'Empereur répondra à la vertueuse condescendance du Pontife par des outrages sans nom et par la plus douloureuse captivité. Ajoutons cependant que Napoléon n'aurait peut-être pas osé aller aussi loin, si le Pape lui eût plus ouvertement manifesté, dans l'affaire du duc d'Enghien, ses sentiments de réprobation.

(1) Correspondance de Naples.

Il reste à examiner l'attitude d'une dernière puissance : la Cour de Madrid. Rien ne peut dépeindre le dégoût que la conduite de cette Cour m'a inspiré. On en jugera par cette dépêche du général Beurnonville, en date du 12 avril : « L'arrestation du duc d'Enghien a causé le sentiment pénible attaché aux châtiments qui suivent les grands crimes, surtout quand le coupable porte un nom célèbre. Les personnages les plus illustres n'ont pas été affectés.... Le Roi a témoigné qu'il aurait désiré que le ci-devant prince ne se fût point compromis ainsi et le Prince de la Paix m'a rajeuni le mot déjà usé que *lorsqu'on a du mauvais sang, il faut le verser....* » [1]. La noble et généreuse nation espagnole ne méritait pas d'avoir de tels chefs à sa tête et le langage du Roi — un Bourbon ! — ne se comprendrait pas, si l'on ne se rappelait qu'il avait consenti à s'humilier devant le favori de la Reine et à lui accorder toutes les dignités de la couronne. Rien de généreux ne peut sortir d'une âme avilie. Aussi Louis XVIII, apprenant que le roi d'Espagne avait fait remettre au premier Consul l'ordre de la Toison d'Or, eut-il raison de lui retourner cette décoration avec ces quelques mots : « Il ne peut y avoir rien de commun entre moi et le grand criminel que l'audace et la fortune ont placé sur un trône qu'il a eu la barbarie de souiller du sang pur d'un Bourbon, le duc d'Enghien. La religion peut m'engager à pardonner à un assassin, mais le tyran de mon peuple doit toujours être mon ennemi.... » Charles IV reçut cette fière leçon sans sourciller et continua de vivre ignominieusement entre Marie-Louise et le Prince de la Paix. Le meurtre du duc d'Enghien ne pouvait les toucher ; aussi Beurnonville se félicite-t-il de leur complaisance. Il le fait en un commentaire qui va directement frapper M. de Talleyrand. « Il est clair, d'après cela, citoyen Ministre, dit-il, que la Cour d'Espagne a envisagé cet événement sous le jour *où votre instruction m'aurait fait un devoir de le présenter* » [2]. M. de Talleyrand prescrivait donc à ses agents diplomatiques de présenter l'exécution du duc d'Enghien comme le châtiment d'un crime avéré [3] et le général Beurnonville voyait tout simplement dans le propos abominable de Godoï

---

(1) Correspondance de Madrid.
(2) Correspondance de Naples.
(3) Voy. les réponses à M. d'Oubril en date des 16 mai et 21 juillet 1804.

la reproduction des instructions du ministre des relations extérieures. Ceci est clair.

L'attitude de l'Europe, sauf pour la Russie et la Suède, sauf pour l'Angleterre dont nous allons parler, peut donc se résumer en quelques mots : équivoque, crainte, soumission.

VI

L'Angleterre protesta avec vivacité contre la part qu'on lui avait attribuée dans la conspiration de Georges et par suite dans les faits qui avaient amené la mort du duc d'Enghien. Elle ne pouvait cependant nier sérieusement qu'elle eût favorisé certaines intrigues dirigées contre la France, et l'adresse de M. de Talleyrand sut, dans ces dernières circonstances, tirer parti de sa complicité. N'ayant pas trouvé dans les papiers du duc d'Enghien la preuve évidente d'un complot dirigé contre le premier Consul, et voulant justifier la violation du territoire badois, le ministre des relations extérieures exploita pour sa cause les menées blâmables et peu adroites de certains agents anglais [1]. Spencer Smith s'était fixé à Stuttgard où il intriguait contre le gouvernement français. A Munich, sir Francis Drake, autre agent anglais, se livrait à des machinations semblables. La police française informée les surveillait avec soin. Une occasion de mieux pénétrer leurs desseins se présenta tout à coup.

Le citoyen Méhée de la Touche, l'homme de Septembre, qui avait

---

[1] « Une fois ce fait consommé, a écrit M. le duc de Broglie, (*Le Procès et l'Exécution du duc d'Enghien*, Plon 1888, in-18 de 31 pages), Talleyrand a dû, comme ministre des Affaires étrangères, essayer de le justifier devant l'Europe diplomatique. » Mais pourquoi s'est-il défendu plus tard, non seulement de l'avoir conseillé, mais même de l'avoir justifié ? « Cette regrettable complaisance, continue l'éminent historien, était la conséquence nécessaire de sa fonction. » Alors si cette complaisance était une nécessité, pourquoi Talleyrand aurait-il dû se justifier ? Et pourquoi cherche-t-on aujourd'hui encore à l'innocenter, non sans difficulté, de toute participation à l'enlèvement et à ses suites, puisque l'infortuné diplomate a dû subir une nécessité fatale ?.... Mais je vais plus loin et j'affirme que non seulement M. de Talleyrand a cherché à justifier devant toute l'Europe les mesures prises contre le duc d'Enghien, mais qu'il les a hautement glorifiées. Les dépêches diplomatiques sont là pour corroborer mon affirmation.

été déporté à l'île de Ré, s'était échappé le 7 décembre 1802 et avait gagné l'île de Guernesey. On lui fait savoir que s'il se met en qualité d'espion à la disposition du gouvernement consulaire, il obtiendra son retour en France. Aussitôt, avec cet esprit d'intrigue qui le caractérisait, il se rend à Londres, parvient auprès du ministère anglais et lui offre les services du parti jacobin contre le premier Consul. Le Ministère hésite d'abord à l'employer. Méhée va trouver Bertrand de Molleville, et lui présente, comme un plan destiné à réussir, l'alliance des jacobins et des royalistes contre l'ennemi commun. Celui-ci se jette sur l'idée, puis tergiverse et remet à un temps plus ou moins éloigné l'accomplissement de ce dessein. Sur ces entrefaites, la paix d'Amiens est rompue. Bertrand de Molleville, trouvant l'occasion meilleure, entre en conférences avec Méhée qui lui propose : 1º de soulever la Vendée et la Bretagne avec les royalistes ; 2º d'agiter l'Est avec les jacobins ; 3º d'insurger la Suisse. Quant à lui, il se rendra directement à Paris pour y nouer ses intrigues ; de là, il ira en Allemagne s'entendre avec les agents anglais de Munich et de Stuttgard. Ce plan fut accepté en principe. Lorsque le général Moreau consentit à entrer dans la conspiration de Georges, Méhée de la Touche reçut l'ordre d'aller directement à Munich se mettre en relations avec Drake. Il partit le 22 septembre 1803. Passant par Hambourg, il informa un agent français qu'il allait comploter avec les Anglais, mais dans le seul but d'être utile à sa patrie et de découvrir les projets de ses ennemis. D'un autre côté, il écrivit au duc de Gramont, ministre de Louis XVIII à Varsovie, qu'il était prêt à servir le roi et qu'il acceptait, par avance, ses instructions, car il avait à se plaindre — disait-il — des Anglais et des princes qui ne le comprenaient pas. On voit à quel point le misérable était passé maître en ruses et en mensonges.

Méhée arrive à Munich, surprend la confiance de Drake — ce qui n'était pas difficile — obtient de lui un passe-port pour rentrer en France et se dirige sur Kehl. Là, il envoie une lettre détaillée au préfet de Strasbourg, nommé Shée ; il lui révèle qu'il se fait fort d'amuser les Anglais, de comprendre Louis XVIII dans la conspiration et de dévoiler au gouvernement consulaire les machinations dressées contre lui. Il sollicite un passe-port pour se rendre à Paris où il ira chercher les instructions du grand Juge. Shée l'introduit à Strasbourg, confère avec lui, puis, satisfait de ses explications, le fait partir pour Paris, escorté de son secrétaire général. Méhée s'empresse de communiquer au Gouvernement les plans de Drake. On accepte alors ses services.[1] Pendant ce temps, une correspondance active s'engageait entre Méhée et Drake. Le jacobin assurait à Drake qu'il était parvenu à séduire l'huissier du premier Consul ainsi que le secrétaire du général Duroc, et que le parti républicain était disposé à opérer des soulèvements à Strasbourg et à Besançon. Drake, croyant à ces billevesées, félicita Méhée de son zèle et lui envoya de l'argent.

Au commencement de 1804, le bruit courut tout à coup que les émigrés se rapprochaient du Rhin pour prendre part à la conspiration qui devait éclater en Alsace, en même temps qu'en Bretagne, en Normandie et à Paris. Le préfet de Strasbourg reçut l'ordre de s'assurer de ce fait et d'envoyer Méhée en mission. Méhée partit le 27 février pour Offenbourg où il vit M. de Musset, ancien officier de l'armée de Condé. Celui-ci lui aurait appris — c'était un mensonge de Méhée — que les généraux de la Saulais, de Mellet et de Mauroy arrivaient avec d'autres officiers pour s'entendre avec le duc d'Enghien et agir conformément aux instructions de l'Angleterre. Il transmit ces informations au préfet de Strasbourg, qui les adressa au premier Consul. On sait ce qui arriva et comment Réal fut amené à faire une enquête sur les prétendus agissements du duc d'Enghien. Lorsque la catastrophe fut consommée, M. de Talleyrand songea à utiliser l'habileté de Méhée de la Touche et à frapper un grand coup sur l'opinion de l'Europe. Il lui fit rédiger et imprimer aux frais de l'Etat sous ce titre : « *Alliance des Jacobins de France avec le Ministère anglais* » le récit de ses voyages et le détail précis de ses relations avec Drake, récit que j'ai lu sur la minute aux Archives nationales. Tandis que le *Moniteur* publiait un rapport solennel du Grand Juge sur cette affaire, M. de Talleyrand adressait

---

(1) M. de Talleyrand aimait à employer des émissaires de ce genre. C'est ainsi qu'il avait envoyé en Autriche un sieur Ducange pour observer les émigrés, aux appointements de 12,000 francs par an. Cet individu vola à Sir Charles Stuart, à Vienne, un titre de change de 3,000 florins. Il avait offert à l'ambassadeur anglais de lui vendre les secrets du gouvernement français, avait reçu l'argent et s'était enfui. Voilà de quelle manière il accomplissait sa mission secrète d'observation. « C'est un homme qu'il faut désavouer ! » écrivit Talleyrand à Champagny en janvier 1804... Il était temps ! (Voir Correspondance de Vienne).

le 26 mars, c'est-à-dire trois jours après l'exécution, à toutes les puissances une circulaire avec ce rapport et la copie des pièces se référant à la conspiration de Munich. Il y attaquait avec la dernière violence le ministre anglais Drake, qui, disait-il, avait profané le caractère sacré de l'ambassadeur. Le comte de Cobenzl, le marquis Lucchesini, les ministres de Bade, de Wurtemberg, de Bavière, de Suisse, de Hollande, le représentant du Saint-Père exprimèrent au premier Consul leur indignation contre les auteurs de ces criminelles intrigues. Les ministres de Suède et de Russie gardèrent le silence. M. de Talleyrand demanda satisfaction à la Bavière qui lui accorda l'extradition de l'évêque de Châlons mêlé à ces complots. Il menaça Drake qui, pris de peur, s'enfuit. Son collègue, Spencer Smith, qui, lui aussi, avait participé au complot, quitta Stuttgard avec la plus grande précipitation. Ces deux départs réjouirent M. de Talleyrand qui les annonça ainsi à M. de Champagny, à la date du 14 avril : « MM. Drake et Spencer Smith ont terminé dignement leurs missions. Poursuivis par leurs regrets d'avoir manqué un assassinat, plus que par la honte d'être démasqués, ils ont pris la fuite » [1]. Smith avait raison de craindre une arrestation, car ses menées avaient été pénétrées par le capitaine Rosey, chargé auprès de lui et de Drake d'une mission secrète. Le 1er mars, cet officier, muni des renseignements de Méhée, était parti pour Munich. Il arrivait le 8 mars dans cette ville et se présentait au ministre anglais comme étant un des principaux officiers d'un général républicain, ennemi du gouvernement consulaire. Il captait adroitement sa confiance, lui promettait l'appui de la place de Besançon et obtenait, pour commencer le mouvement, 113,000 livres en lettres de change.

Un second rapport rédigé par le Grand Juge sur ces faits nouveaux, fut inséré au *Moniteur* du 11 avril et dénonça à l'Europe le complot préparé par Drake et par Smith. Le rapport du Grand Juge contenait comme pièces annexes les lettres de change de Spencer Smith et le rapport du capitaine Rosey.

Le 17 avril, le Gouvernement anglais, qui jusque-là avait gardé le silence, se décida à parler. Lord Morpeth interpella le cabinet à la Chambre des Communes et lui demanda s'il pouvait tolérer qu'on

---

[1] Correspondance de Vienne.

l'accusât officiellement d'avoir provoqué l'assassinat du premier Consul. Le chancelier de l'Echiquier répondit qu'il repoussait ouvertement ces calomnies grossières ; que jamais le ministère n'avait donné de pareils ordres à qui que ce fût. Le 30 avril, lord Hawkesbury adressa aux puissances étrangères une circulaire où il était déclaré que Sa Majesté britannique rejetait avec dédain et indignation toutes ces calomnies. Il affirmait que ces accusations avaient été inventées pour détourner l'attention de l'Europe de l'acte sanguinaire commis récemment par l'ordre du premier Consul, au mépris du droit des gens, des lois de l'honneur et de l'humanité.

Cette réponse était vraie en grande partie. Tout en blâmant les machinations de Drake et de Smith, il faut reconnaître que les missions de Méhée et du capitaine Rosey, les rapports du Grand Juge, les commentaires de M. de Talleyrand n'ont eu pour but que de faire prendre le change à l'Europe sur les derniers événements. Ils ont essayé vainement de démontrer qu'une vaste conspiration de Strasbourg à Munich, de Stuttgard à Ettenheim, de Fribourg à Offenbourg, de Kehl à Besançon, menaçait la vie du premier Consul et la sécurité de la France. Si le duc d'Enghien avait payé de ses jours toutes ces intrigues, c'est que, d'après l'affirmation de Méhée, il en était, avec les anciens officiers de l'armée de Condé, le principal auteur. Or, cette accusation n'est qu'un mensonge comme toutes les autres.

Il est avéré — je l'ai démontré dans mon ouvrage d'après les pièces authentiques — que le duc d'Enghien n'a jamais pris part à une conspiration contre la France et contre le premier Consul. Ce ne sont ni les faux rapports de Méhée ni les insinuations de M. de Talleyrand qui pourront controuver ce fait irréfutable.

Il demeure établi que l'Europe laissa tuer le duc d'Enghien, par peur d'un despote qui ne redoutait pas de répandre le sang le plus illustre afin de consolider son pouvoir. Il demeure établi qu'un ministre des Affaires étrangères, autant par les devoirs de sa charge que par le souci de sa propre fortune, justifia et glorifia devant toute l'Europe l'enlèvement et le meurtre d'un prince injustement accusé de complot. M. de Talleyrand n'hésita pas à mêler un intérêt personnel à ce que le premier Consul appelait l'intérêt public ou la raison d'État. D'ailleurs en mars 1804, la monarchie légitime était bien loin et l'Empire bien près. Puis le subtil personnage sut envisager nettement et d'un même coup d'œil les périls du refus et les avantages de la complicité. Je sais bien qu'il eût préféré rester neutre, garder l'impassibilité officielle et la modération de bonne compagnie. Mais *il fallait* se compromettre. Il se compromit donc, quitte à essayer plus tard de rejeter sur Bonaparte et sur d'autres toute la responsabilité de ces tristes événements. Je reconnais que c'est là une constatation désagréable pour sa mémoire. Elle dérange un peu les plis savamment arrangés de la tenue officielle du personnage, telle qu'on se plaît à se le représenter.

Mais regardez-le par exemple dans le tableau de Prudhon. Le costume du vice-grand-électeur est magnifique, le manteau de cour doré et brodé, les manchettes et le jabot de dentelles disposés à la dernière mode. Il y a cependant une chose qui détonne dans cette belle parure. C'est le sourire. Il est là, dans un coin de la bouche, faux, sarcastique, méchant. Et ce sourire là, c'est l'homme. « Je m'étais un peu laissé aller à compter sur ses sentiments, écrit le comte Pozzo di Borgho dans ses *Mémoires* qui viennent de paraître ; dès que j'ai vu qu'il n'en a pas plus que le marbre, je me suis tenu avec lui dans une mesure parfaite. »

Je sais bien qu'on m'objectera encore une fois : « Mais ce n'est point là toute la physionomie de M. de Talleyrand.... Vous oubliez son esprit, son savoir-vivre raffiné, sa connaissance intime du cœur humain, son génie diplomatique? Vous oubliez sa correspondance? Vous oubliez le congrès de Vienne ? » C'est une erreur. Je n'oublie ni les services rendus à la France par le diplomate lors du congrès de Vienne, ni les habiletés de sa correspondance, ni les saillies de son esprit, ni sa merveilleuse souplesse ; mais puis-je oublier l'enlèvement d'Ettenheim et ce qui l'a suivi? Puis-je oublier que, renseigné par M. Massias sur les véritables dispositions du duc d'Enghien, sachant qu'il avait affaire à « un royaliste plein de loyauté, haïssant l'Angleterre, humilié d'en recevoir une pension, économisant pour pouvoir s'en passer, peu fait pour l'intrigue, ennemi de toute lâcheté et abhorrant les assassins... », M. de Talleyrand mandait le 24 mars au général Hédouville à Pétersbourg et à M. Laforest à Berlin qu'un comité d'émigrés français, dirigé par le duc d'Enghien, assisté de quelques Anglais, n'avait été occupé qu'à correspondre avec les ennemis secrets et les agents du gouvernement britannique qui conspiraient dans l'intérieur? Puis-je oublier qu'il accusait le duc d'espionnage, d'embauchage, de corruption des troupes et de complicité dans l'odieux attentat qui était médité sur la personne du premier Consul? Puis-je oublier qu'il écrivait à M. de Champagny dans des termes plus violents encore que cette fameuse note du 8 mars tant contestée, et qui, comme l'a fort bien dit M. Albert Sorel « est si conforme aux documents authentiques que sa propre authenticité n'a plus guère d'intérêt » ?

Celui qu'on prétend s'être défendu avec chaleur d'avoir, en ces douloureux événements, inspiré la pensée de son maître ou même d'en avoir prévu la portée, n'a-t-il pas affirmé officiellement que la France n'avait vu dans l'exécution de Vincennes « qu'une peine appliquée à un délit »[1]? Et trois jours après le meurtre, il donnait chez lui un grand bal « où tous les étrangers, comme l'écrivait Lucchesini au roi de Prusse, se rendaient le cœur serré ! » Est-ce qu'en rappelant des faits écrasants et irréfutables, j'ai dépassé la mesure de la vérité et de la justice ? Est-ce que la façon dont M. de Talleyrand a préparé l'enlèvement d'Ettenheim, violé et raillé le droit des gens, justifié l'exécution de Vincennes, ne mérite pas d'être sévèrement blâmée ? De quel privilège extraordinaire jouirait la mémoire de cet homme d'État, si l'on ne pouvait lui reprocher ce qu'on reproche à un Napoléon ? Et pour quels motifs serait-elle donc inattaquable ?... Faudrait-il admettre, pour l'excuser, que son génie était la conséquence fatale de ses vices, comme l'écrivait cyniquement Metternich à Stadion : « Il n'eût point été, il ne serait point ce qu'il est, s'il était moral ! »

J'ajoute, et c'est ma conclusion, que si cette histoire est déplorable pour M. de Talleyrand, elle ne l'est pas moins pour l'Europe. On vient de voir comment elle s'était inclinée devant la violation du droit des gens, devant l'envahissement d'un territoire neutre ; on vient de voir comment les relations de la France et de la Russie, qui menaçaient au début de se convertir en hostilités immédiates, furent simplement suspendues ; comment la protestation du tzar à la diète de Ratisbonne fut, sur le seul froncement des sourcils du maître, écartée par une sorte

---

(1) Archives des Affaires étrangères. (Angleterre, *Suppt.*)

de question préalable ; comment l'Autriche, la Prusse et les autres Etats, en dissimulant leur honte, gardèrent d'abord le silence de la peur, puis félicitèrent le premier Consul de son énergie et de son audace. Cobenz'l avait écrit à Colloredo le 31 mars que l'exécution de Vincennes avait répandu partout la terreur et que cette terreur rendait plus souples ceux de la part desquels Bonaparte exigeait quelque service ou quelque complaisance. « Tous les fonctionnaires publics, disait-il, et tous les corps constitutionnels n'en sont que plus esclaves de ses volontés. » Il aurait pu ajouter à cette nomenclature presque tous les rois.

Sans doute une coalition se formait dans l'ombre; sans doute on préparait mystérieusement la guerre, mais ce n'était point pour venger le duc d'Enghien, dont en réalité on se souciait peu ; c'était pour essayer de détruire la puissance d'un général victorieux qui, devenu le chef de la France, semblait vouloir imposer ses lois au monde entier. Les rois et les princes avaient tranquillement laissé égorger un des leurs. Ils allaient expier cette lâcheté par de nouveaux revers et ce devait être justice.

De son côté Bonaparte, qui dès le 10 mars avait décidé la mort d'un adversaire aussi loyal que vaillant, expiera cette cruauté par un terrible châtiment qui, dans quelques années, l'atteindra au plus intime de son être.... Mais il est juste de dire que s'il versa froidement le sang d'un innocent, c'est qu'il connaissait les replis de la conscience humaine. Il savait bien qu'il aurait, en France comme en Europe, des approbateurs et des complices.

C'est ce que je crois avoir prouvé.

Amiens. — Imp. DELATTRE-LENOEL, rue de la République, 32.

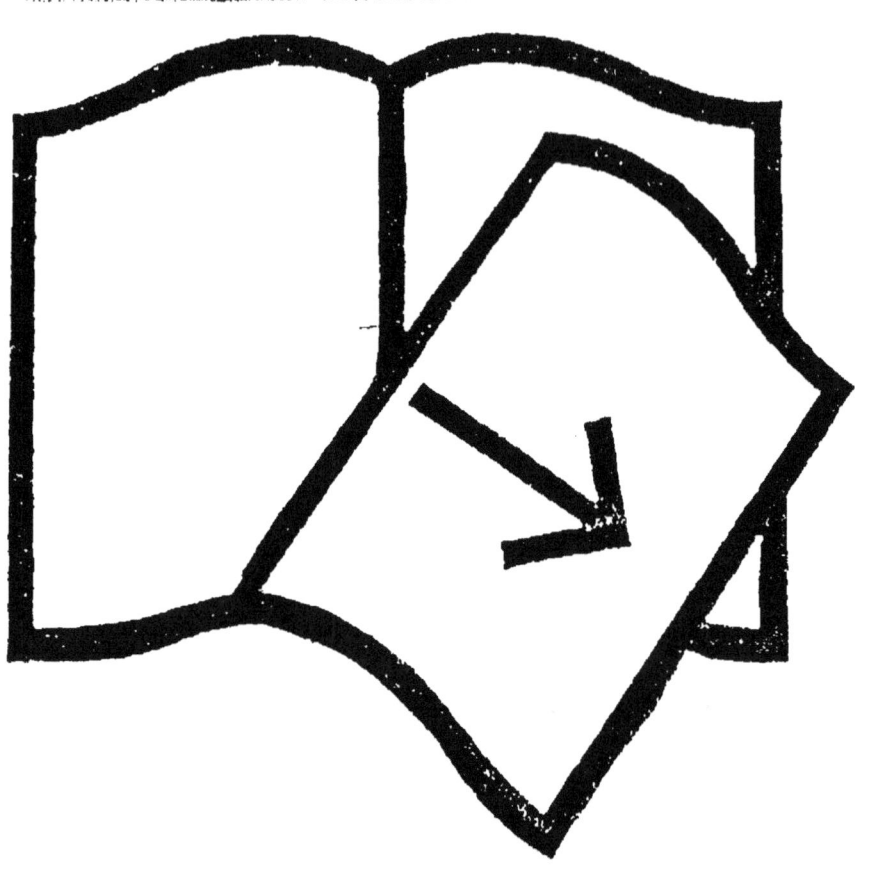

Documents manquants (pages, cahiers...)
NF Z 43-120-13

www.ingramcontent.com/pod-product-compliance
Lightning Source LLC
Chambersburg PA
CBHW070700050426
42451CB00008B/443